DE LA LÉGITIMITÉ,

ET

DE L'USURPATION.

IMPRIMERIE DE BÉTHUNE,
RUE PALATINE, N° 5.

DE LA LÉGITIMITÉ,

ET

DE L'USURPATION.

PAR M. LAURENTIE.

A PARIS,

CHEZ ÉDOUARD BRICON,

LIBRAIRE, RUE DU VIEUX COLOMBIER, N° 19.

1830.

TABLE DES MATIÈRES.

« Aujourd'hui il faut se hâter, parce que la société elle-même
» se hâte d'accomplir ses destins ; il faut se presser de parler de
» vérité, d'ordre, de religion, aux peuples, de peur de ressembler
» au médecin qui disserterait sur la vie auprès d'un tombeau. »

Essai sur l'Indifférence, tome Ier, Avertissem.

DE L'USURPATION

ET

DE LA LÉGITIMITÉ.

Aperçu préliminaire

SUR LA RÉVOLUTION PRÉSENTE.

Une grande révolution vient de se consommer.
Quelques heures ont suffi pour exterminer une monarchie qui était défendue ou qui devait l'être par
une armée de deux cent mille soldats intrépides et
fidèles, et par tout un ensemble d'administration
qui, dans le système moderne de politique, équivaut
seul à une armée.

Je dis quelques heures; mais plusieurs années avaient préparé cette subite destruction. La révolution était faite lorsqu'elle a éclaté, et si bien faite, que les hommes prévoyants en marquaient d'avance le progrès et en déterminaient l'issue. Elle était faite par une longue suite d'erreurs publiques, par une licence de doctrines effrayante, par un égarement inouï du pouvoir, par une profession officielle de principes de renversement, par une incroyable persévérance dans un système d'ingratitude et d'infidélités, par un oubli profond des nécessités du temps présent, par une incurie désolante de l'avenir, par l'égoïsme des ministères, par l'intrigue des ambitieux, par l'avidité scandaleuse de quelques-uns, par la souplesse hypocrite de quelques autres, par tout ce qui annonce, en un mot, la décadence des mœurs, des croyances et de la foi. Nos quinze années de restauration ont été quinze années de préparation à cette effroyable lutte entre la révolution et le pouvoir, avec cette particularité désolante que le pouvoir a tout fait pour décupler les forces de son ennemie, et pour paraître seul et désarmé au jour de ce formidable duel. Et il est arrivé, ce que les hommes graves avaient prévu, que le pouvoir a été vaincu, et que la révolution, restée maîtresse, s'est hâtée de légitimer par sa victoire toutes ses tentatives isolées, de couvrir de ses lauriers les tombeaux de ses vieux conspirateurs, et de prodiguer ses apothéoses à ceux que l'échafaud avait flétris. Certes il ne sera plus question aujourd'hui de poursuivre avec des cris de haine ceux qu'on avait appelés des *agents provocateurs*, dans les précédentes tentatives de renversement. Chacun veut avoir fait librement ce qu'il a fait; chacun envie le bonheur des premiers qui s'étaient levés contre le pouvoir. Et qui sait où s'arrêtera cette soif de gloire? Dans les guerres des partis, il y a ceci de déplorable, c'est que le sentiment général du devoir semble disparu; le meurtre peut devenir de l'héroïsme, et je n'assurerais pas que l'on ne parvînt à réhabiliter dans la pensée des peuples jusqu'au nom d'un assassin et d'un parricide. Après quoi cependant il y a une postérité qui survient, et le crime reprend sa place. Mais jusque-là que d'erreurs peuvent être consacrées par le triomphe, et que de douleurs il faut aux hommes pour les ramener à la vérité !

(4)

Je pourrais ici tracer un tableau des causes qui ont amené cette victoire de la révolution. J'ai surtout été tellement placé au milieu des derniers événements qui l'ont assurée, qu'il me serait facile de m'en constituer l'historien, et ainsi j'aurais droit au titre assez triste d'*historiographe de la folie*. Mais cela ne serait ni instructif pour les hommes qui aiment à méditer, ni consolant pour ceux qui se plaisent à gémir. Lorsqu'un pouvoir est brisé par une tempête, on aime à le voir se tenir roide et ferme au milieu des débris. Celui que nous défendions est tombé sous les premiers coups, soit que la Providence ait ainsi voulu annoncer des décrets irrévocables sur la grande lignée des rois de France, soit que dans les sociétés épuisées les rois n'aient plus même assez de foi en la royauté pour sentir le besoin de se faire tuer pour elle, et qu'ils ne sachent plus la défendre qu'en mourant sur un échafaud, comme Louis XVI, ou en se laissant jeter aux confins du monde, comme Bonaparte.

Je ne ferai pas de récits sur tous ces lamentables événements : tout le monde a pu les voir et tout le monde a pu les juger. Je ne blasphémerai pas non plus le malheur de la monarchie déchue. Quelles que soient les fautes commises, il y a en de telles calamités quelque chose de sacré qui impose à la victoire même. Puis cet aspect de la royauté fugitive, puis cette fille de Louis XVI, tant de fois exilée, tant de fois proscrite, puis cette autre princesse à qui l'hospitalité française a été si cruelle et si déchirante, puis ces enfants déjà si ornés de grâce, si innocents, si pleins d'avenir; tout cela n'est-il pas fait pour désarmer la plainte? O famille que les anciens auraient cru poursuivie par quelque loi mystérieuse des destinées, famille pieuse et consacrée par le deuil, vous aurez, en quelque lieu du monde que la Providence vous appelle, le respect des cœurs honnêtes, et ce triste culte qu'on doit au malheur! Mais que cette espèce de fidélité n'empêche pas la raison grave des philosophes et des publicistes de remuer des souvenirs pénibles pour y puiser des enseignements et des leçons. Au lieu de récits désolants, il s'agira de présenter des réflexions instructives. Les calamités de la monarchie seront une occasion de rechercher les causes de sa ruine. La politique s'éclairera par l'histoire des malheurs publics.

et tel esprit qui avait résisté à la puissance des raisonnements qui ne s'appuyaient encore que sur des prédictions, cédera à des observations confirmées par de sinistres réalités.

Le présent ouvrage a pour objet de montrer aux hommes religieux le vrai point de vue sous lequel doivent être envisagées désormais les questions les plus hautes de la société. De grandes erreurs étaient répandues sur la nature du droit de légitimité; chose singulière! l'usurpation même sera une occasion de les dissiper.

CHAPITRE PREMIER.

DE LA LÉGITIMITÉ ET DE L'USURPATION.

Tous ceux qui ont fait des théories sur le pouvoir se sont arrêtés à cette question : Qu'est-ce qui constitue le droit du commandement ? C'est en effet la question la plus embarrassante pour quiconque fait des théories.

Dans ces derniers tems, on a répondu par un mot, par celui de légitimité; mais il est permis d'affirmer que la plupart des hommes qui l'ont employé ne l'ont jamais bien compris.

Pour eux la légitimité c'est tout simplement cet ordre de succession au pouvoir que la nature indique par la naissance, et sans doute il y a dans cet ordre légal une autorité que la raison avoue et respecte; mais quant au droit même , il reste voilé d'obscurité pour les politiques qui ne vont pas au-delà de ce fait.

La preuve en est que la *légitimité* elle-même commence nécessairement par une usurpation quelconque , et par conséquent on demande toujours comment il pourrait arriver que ce qui est dans l'origine une iniquité devînt bientôt un fondement du droit et un principe de justice.

— Par la possession même , répondent quelques politiques , qui ont réponse à tout.

— Mais la possession de l'iniquité n'est qu'une suite de l'iniquité , et la réponse est absurde.

— Par les contrats des peuples , disent quelques autres , et par l'utilité même ou la nécessité de se soumettre au pouvoir ainsi usurpé.

— Mais cette utilité ou cette nécessité ne constitue pas le droit , et dès que l'intérêt n'est plus le même , la soumission est rompue , et il n'y a plus rien.

— Par la volonté même de Dieu , disent alors des

politiques plus hautement inspirés, mais dont la pensée toutefois ne s'énonce pas avec clarté.

Et à ce nom de Dieu, toute raison doit s'abaisser, je le sais bien. Mais encore il est permis de demander dans quel sens on fait intervenir cette autorité souveraine en des questions de cette nature.

Le sens le plus universellement adopté en France par les hommes religieux depuis Bossuet, c'était d'admettre que la royauté, quelle que soit son origine, a par elle-même un caractère divin, qui la rend inviolable et sacrée; que le pouvoir du roi vient directement de Dieu; que par là il est absolu, et affranchi de toute règle, si ce n'est celle de sa conscience.

« Dieu, dit Bossuet (1), fait oindre les rois par » ses prophètes d'une onction sacrée, comme il fait » oindre les pontifes et ses autels. Même sans l'appli- » cation extérieure de cette onction, ils sont sacrés » par leur charge, comme étant les représentants de » la majesté divine, députés par sa Providence à » l'exécution de ses desseins. Le titre de Christ est

______

(1) *Politique sacrée*, liv. III.

» donné aux rois, et on les voit partout appelés les
» Christs ou les Oints du Seigneur. »

Ailleurs : « C'est donc l'esprit du christianisme
» de faire respecter les rois avec une espèce de reli-
» gion, que Tertullien appelle très-bien la religion
» de la seconde majesté. Cette seconde majesté n'est
» qu'un écoulement de la première, c'est-à-dire,
» de la divine, qui, pour le bien des choses humaines,
» a voulu faire rejaillir quelque partie de son éclat
» sur les rois (1). »

Ailleurs encore : « La sainte onction est sur eux,
» et le haut ministère qu'ils exercent au nom de
» Dieu les met à couvert de toute insulte (2). »

Tout Bossuet est rempli de cette doctrine de l'é-
coulement divin, et l'illustre évêque finit par établir
qu'il y a *une sainteté inhérente au caractère royal,
qui ne peut être effacée par aucun crime* (3).

Grand homme ! où nous conduisez-vous avec cet
enseignement ?

(1) *Politique sacrée*, liv. iii.
(2) *Ibid.* l. vi.
(3) *Ibid.*

Il est d'abord à remarquer que Bossuet applique à la monarchie en général les idées politiques qui ne conviennent qu'à la pure théocratie. Tout son discours est nourri des textes et des exemples de l'Écriture; mais dans l'histoire sainte c'est Dieu qui est roi, et les rois sont ministres. Cet ordre de choses n'a rien de commun avec la royauté ordinaire. D'un côté, Dieu agit manifestement, et de l'autre, il abandonne la politique humaine à ses destinées, ayant toutefois ses desseins arrêtés, mais ne les communiquant pas aux faibles mortels, qui deviennent ainsi les instruments aveugles de sa puissance par leurs vertus et par leurs crimes même.

L'application de la *politique sacrée* à la politique ordinaire des peuples est donc sans aucune sorte de fondement.

Puis est-il bien possible d'admettre cette espèce d'adoration de la royauté dont Bossuet fait une loi, et peut-elle avoir quelque chose de commun avec la soumission que commande le christianisme, ou même avec cette espèce de fidélité qui allait si bien aux vieilles mœurs françaises, et qui survit à peine parmi nous comme un souvenir?

Tout cela est extrême, tout cela est faux. Et d'ailleurs la première question reste toujours sans solution; car cette *onction sainte*, cet *écoulement divin* n'explique pas comment il se fait que le pouvoir usurpé puisse devenir un pouvoir légitime. Nous en étions à cette difficulté, et nous y sommes toujours, et nous ne voyons pas qu'elle soit diminuée par cette étonnante parole qu'*il y a dans le caractère royal une sainteté inhérente qui ne peut être effacée par aucun crime.* A quel moment donc se manifeste ou se produit cette sainteté inhérente? Le légionnaire qui brise le sceptre de son maître, et se fait roi, aura-t-il cette sainteté comme le prince pieux qui hérite paisiblement d'une couronne transmise par soixante aïeux? Quelle sera la condition pour qu'il soit ainsi marqué au front de ce caractère inamissible? Qui nous révélera ce secret profond? Et encore qui nous dira comment il se peut faire qu'il y ait au Ciel ou sur la terre une sainteté qu'aucun crime n'efface? Grand homme! encore une fois, à quelles extrémités précipitez-vous votre amour de la royauté? Vous voulez faire des rois autant de dieux, et vous leur donnez jusqu'au privilége du crime. Voilà, au nom de

(13)

la religion, le plus étrange renversement de l'équité
et de la vertu : les droits du génie ne vont pas jusqu'à autoriser de telles erreurs.

Pour revenir à la question, il est positif que l'his
toire des pouvoirs humains ne présente qu'une longue suite d'usurpations qui finissent bientôt par être
consacrées, et il est tout simple, dans un tems
où l'on remue toutes les questions, de chercher à
pénétrer le principe qui érige ces violences en autant de droits. Si cette difficulté n'était pas éclaircie,
nous en serions encore avec les philosophes et les
vieux jacobins à insulter au nom glorieux de Hugues Capet. Nous devrions applaudir à cette répu-
diation publique de notre vieille histoire, qui se fait
sous nos yeux au nom de la patrie elle-même, et
nous aurions à jeter aussi notre sarcasme, notre
mépris et notre haine sur des siècles qui se seraient
passés dans un long oubli de tous les droits et de
tous les devoirs des peuples.

Mais nous n'en sommes pas à cette triste nécessité,
car la légitimité des pouvoirs nous est connue, et
nous savons aussi que cette notion ne manqua point
aux siècles que l'on veut bien appeler barbares.

D'abord il est manifeste que le pouvoir n'est légitime que lorsque l'obéissance à ce pouvoir est un devoir pour la conscience. Il ne s'agit plus à présent de la sainteté des rois, ni de leur caractère divin. Voici des notions qui s'appliquent à tous les pouvoirs humains, de quelque manière qu'ils soient exercés; car, république ou monarchie, il faut bien que partout le commandement soit légitime, si l'on veut que l'obéissance ne soit pas une servitude. Or on a beau-épuiser la fécondité des théories, on ne trouvera jamais que deux manières de consacrer la légitimité du pouvoir, savoir, l'autorité de la force, terme absurde, mais qu'il faut employer de toute nécessité, ou l'autorité de Dieu manifestée d'une manière quelconque.

Laissons pour le moment le premier mode de consécration. Il reste l'autorité de Dieu, à laquelle reviennent forcément tous les publicistes, Puffendorff tout le premier, malgré toutes ses erreurs et toutes ses rêveries.

Dieu seul, en effet, a droit de parler à la conscience des peuples et de leur commander la soumission. L'homme, sans une autorité semblable, ne doit rien à l'homme : on peut briser son corps, et le soumettre à un joug de fer; mais cet asservissement brutal ne touche point à sa volonté, qui demeure libre tant qu'il est homme. La volonté ne peut être vaincue que par un pouvoir supérieur, ou du moins, si elle reste rebelle encore, on sait qu'elle viole une loi souveraine, non point une loi de convention, mais une loi émanée de la plus haute, de la plus sainte et de la plus inflexible autorité. Et voilà justement ce qui constitue le devoir de l'obéissance; et quiconque obéit, c'est-à-dire, soumet sa volonté et sa liberté à un pouvoir humain, sans avoir ce motif suprême de soumission, celui-là est un vil esclave, un être dégradé, qui jamais n'eut une noble idée de sa destinée et de sa grandeur.

C'est Dieu donc qui seul a droit d'imposer l'obéissance; et, comme il ne manifeste pas directement sa volonté, il faut qu'il y ait parmi les hommes un moyen certain de la connaître, ou bien ils seront, par une fatalité invincible, condamnés à courber la tête sous les pouvoirs divers, sans avoir jamais la raison de leur soumission.

Voilà en deux mots l'explication de ce qui se

passe dans le christianisme et hors du christianisme.

Le christianisme, c'est la liberté ; et tout pouvoir placé hors du christianisme est rigoureusement un pouvoir de servitude. C'est que d'un côté l'homme obéit à Dieu, de l'autre il obéit à l'homme.

Et c'est pourquoi tous les États qui ont vécu hors de la religion, avant ou après le christianisme, n'ayant de vie que par la force, ont été des pouvoirs oppresseurs, jusqu'à cette Grèce, pays d'Ilotes, jusqu'à cette Rome, repaire d'esclaves.

Nous savons toutefois que dans ces empires même, constitués par la force, des notions morales d'équité et de vertu universellement conservées, pouvaient et devaient tempérer souvent le pouvoir. Mais le pouvoir ne changeait pas pour cela de nature ; il était toujours la force, et, par conséquent, la soumission au pouvoir était réellement un esclavage, même lorsque l'orgueil des peuples l'appelait du beau nom de liberté. De là les renversements si fréquents de ce pouvoir ; et pourtant la servitude toujours égale des sujets ; la force combattait la force, sans que jamais il y eût pour les peuples un motif de de conscience d'obéir à celle qui avait triomphé.

Sous le christianisme les conflits humains ont dû prendre un caractère nouveau. Certes l'ambition n'avoit point perdu ses atrocités et ses perfidies; les factions avaient gardé leur acharnement furieux, et les révolutions avaient pu souvent dévaster le monde. Mais il y avait toujours un pouvoir qui survivait à ces désastres, et il y avait une société qui ne pouvait point périr au milieu des ruines des empires. De là la persévérance des habitudes publiques, des mœurs sociales, et de la même liberté; le christianisme assistait aux jeux sanglants de la politique comme à un spectacle; puis toute sa mission consistait à dire aux peuples à quelles conditions ils pouvaient ou devaient se soumettre au pouvoir vainqueur. C'était là un grand et magnifique rôle de la religion. Elle se présentait comme la gardienne de la société humaine. Elle laissait faire aux puissants et aux ambitieux leurs ligues et leurs complots d'usurpation, et puis elle voyait accourir à elle rois et sujets, vainqueurs et vaincus, lui demandant ses lois de commandement et d'obéissance, tant il y avait de liberté dans les mœurs chrétiennes, tant les hommes avaient ap-

pris que la force seule ne suffit point pour déterminer la légitimité du pouvoir.

Ce fut avec cette espèce d'autorité que se montra
le christianisme au milieu des violents conflits des
passions humaines dans tout le moyen âge. Les philosophes n'ont pas eu d'autre motif de s'acharner
contre les papes, et en effet les papes avaient sauvé
la dignité des peuples en les empêchant de prodiguer leur soumission à des pouvoirs nés du sein des
batailles, et c'est là un grand attentat aux yeux des
hommes, qui au nom de la liberté même imposent
aux peuples la condition d'obéir à la force seule.
Mais, quel que soit leur jugement, il est toujours vrai
de dire que la religion consacra la soumission des
peuples par son autorité; c'est là un fait historique
qu'on ne peut nier. Hugues Capet ne fut roi, et sa
race ne fut légitime, que parce que l'exercice
de son pouvoir devint conforme à la loi de justice,
et qu'il intervint de la part de l'Église des actes
qui commandaient la soumission à son autorité.
Sans cela quel eut été le terme des rivalités ?
quelle eut été la fin de l'*iniquité* qui avait porté
au pouvoir cette dynastie ? Dans ces temps de foi

l'autorité de la religion fut la seule solution des conflits humains ; et certes ce fut là un grand bienfait, autrement tout périssait, la barbarie dominait dans la société ; la force brutale devenait la loi commune, et les états retombaient dans cette condition déplorable des anciens empires, où le commandement n'avait d'autre garantie que la force, et l'obéissance d'autre règle que l'oppression.

Au surplus on doit s'attendre à soulever beaucoup de colère et de prévention, en établissant qu'il n'y a de légitimité possible dans le pouvoir qu'autant qu'il intervient de la part de Dieu un commandement de lui obéir ; car cette doctrine conduisant forcément à l'action de l'Église, en ce qui touche aux choses de la politique, il y a là de quoi effaroucher, dans un siècle impie, toutes les volontés dépravées et toutes les intelligences superbes. D'un côté les rois voudraient être à l'aise dans leur pouvoir, et il leur conviendrait de croire que leur nature même les fait rois, et qu'ils sont comme des dieux mortels, marqués au front d'un signe auguste ; de l'autre les peuples voudraient avoir en eux le droit inhérent d'instituer des royautés, de briser à leur gré les pouvoirs qu'ils auraient faits et d'être les seuls juges de leur soumission. Quelle société que celle où domineraient de telles pensées! D'un côté c'est le despotisme, de l'autre c'est l'anarchie, et des deux côtés c'est un égal abaissement de la dignité humaine; comment l'homme ne voit-il pas qu'il ne lui convient ni de se faire esclave, ni de se faire souverain? Dieu même l'a fait libre, mais Dieu même l'a fait obéissant. S'il se dévoue à la servitude, il n'est plus rien; et s'il s'arroge le commandement absolu, il n'est plus homme. Il n'y a que l'autorité morale que Dieu même a instituée qui lui apprenne à se tenir ferme entre ces deux abîmes de bassesse et d'orgueil; car seule elle règle son obéissance, et par·là même elle sanctionne les pouvoirs; et seule aussi elle empêche les peuples de se faire la proie des vainqueurs, puisqu'elle leur dit la juste condition à laquelle ils peuvent se soumettre à leur puissance.

Mais à quoi bon, dira-t-on peut-être, monter à ces théories du pouvoir, en présence d'une révolution qui les renverse toutes?

C'est précisément parce qu'il se fait des révolutions qui peuvent briser tous les droits, qu il faut rappeler et proclamer tous les droits. Voyez l'aveuglement où l'on peut tomber avec des pensées d'ailleurs généreuses et touchantes! On oppose à une révolution, comme celle que nous venons de voir, terrible par son impétuosité, par sa rapidité, par son universalité, quoi? un seul mot; un mot qui fait verser des larmes, il est vrai, mais enfin un mot auquel on a ôté sa valeur, celui de légitimité. Et sans doute il est dans l'ordre admirable de la Providence d'indiquer aux peuples la transmission du pouvoir par la naissance même des enfants qui doivent un jour l'exercer; signe visible, hélas! d'une mission de sacrifice et de douleur. Mais ne faut-il pas monter plus haut? Et la naissance même fait-elle ce pouvoir? Alors, sous d'autres noms, ce pouvoir serait encore un fait, et si nous entendons bien la société, telle que Dieu l'a instituée, il faut que le pouvoir soit autre chose, il faut qu'il soit légitime dans sa nature; car si les peuples sont obligés dans leur conscience de lui obéir, ce n'est point parce qu'il s'est transmis en ligne directe de père en fils, mais parce qu'en se transmettant il a gardé le caractère qui lui est propre, celui qui le fait pouvoir pour les sujets, celui d'être une condition de conservation pour toutes les lois morales de la société. Voilà la légitimité, largement comprise; l'ordre de succession s'y joint ensuite, mais sans instituer par lui-même un droit qui puisse en demeurer isolé. Ainsi le droit est vraiment social; et voilà celui qu'il faut défendre, et il est toujours opportun de le rappeler à la pensée des peuples, parce qu'aucune usurpation ne le peut détruire; il vit dans la conscience humaine, il vit dans l'instinct de la société, il vit dans le christianisme, et on a beau faire, il faudra qu'il préside à la régénération publique des nations chrétiennes, par la raison qu'on lui oppose un droit qui doit les bouleverser, cet aveugle droit de la force, avec lequel on ne saurait jamais qu'entasser des ruines, et contre lequel la force même doit finir par se briser.

Au reste, il y a aujourd'hui une utilité particulière à développer de tels principes, car ces révolutions même dont on parle ne surviennent que parce que le droit tel que nous l'exposons a été méconnu par les pouvoirs *légitimes* eux - mêmes. Certes il

est toujours facile de se révolter contre ces idées **de**
souveraineté du Pape ou d'*infaillibilité de l'Église*,
qui ont été depuis long-temps le prétexte de mortels
débats entre la puissance spirituelle et la puissance
politique. Mais ces hostilités bruyantes ne suffisaient
pas pour sauver les trônes. Après tout, la dispute
se réduisait à une solution bien simple : on ne voulait pas que la religion fût pour quelque chose dans
la reconnaissance publique du pouvoir, et il fallait
alors que le pouvoir se fît consacrer par le peuple.
Il n'y avait que cette alternative, et elle était fatale :
on va le voir.

CHAPITRE II.

DE LA POLITIQUE DEPUIS LA RÉFORME.

La séparation de la politique et de la religion n'est point nouvelle. Lorsque les princes furent affermis sur les trônes que la religion même avait établis et consacrés, ils furent aisément disposés à imaginer que le pouvoir venait d'eux-mêmes, et à force de se renfermer dans leur propre puissance, ils eurent en défiance toute autre puissance qui leur eût paru supérieure, même dans un ordre distinct de la politique. De là les démêlés de quelques rois avec les papes, affreuses querelles, où toutes les idées étaient

confondues, et les haines par là même étaient in
flexibles.

Il se forma autour des trônes un enseignement de
droit public qui faisait émaner le pouvoir de Dieu
même, et ainsi il y avait sur la terre deux souverainetés bien distinctes, l'une exercée par la religion,
l'autre exercée par la royauté; par conséquent deux
sociétés, l'une qu'on appelait spirituelle, l'autre
qu'on appelait temporelle; toutes deux indépendantes, disait-on, de telle façon que la première pouvoit
commander à la conscience des devoirs que la seconde pouvait considérer comme des iniquités; deux
sociétés par conséquent qui se détruisaient mutuel-
lement; deux souverainetés inconciliables, en un
mot, et dont le seul contact produisait des ébranlements et des désordres.

L'enseignement dont je parle n'en fut pas moins
accrédité, et nous le voyons se perpétuer de règne
en règne dans les écoles instituées par les rois, jusqu'au moment où l'on essaya d'en faire une doctrine
publique, écrite et sanctionnée par les pouvoirs de
la société.

Ce fut dans l'assemblée des états-généraux de

1614 que le tiers résuma ces maximes en forme de décret dogmatique.

« Pour arrester, disait-on, le cours de la perni-
» cieuse doctrine qui s'introduit depuis quelques an-
» nées contre les roys et puissances souveraines éta-
» blies de Dieu , par esprits séditieux qui ne tendent
» qu'à les troubler et subvertir, le roy sera supplié de
» faire arrester en ses estats pour loi fondamentale du
» royaume qui soit inviolable et notoire à tous , que
» comme il est recognu souverain en son estat, ne te-
» nant sa couronne que de Dieu seul , il n'y a puis-
» sance en terre , quelle qu'elle soit, spirituelle ou
» temporelle, qui ayt aucun droict sur son royaume,
» pour en priver les personnes sacrées de nos roys, ni
» dispenser ou absoudre leurs subjets de la fidélité et
» obéyssance qu'ils lui doivent, pour quelque cause
» ou prétexte que ce soit. Que tous les subjets de quel-
» que qualité ou condition qu'ils soyent tiendront ceste
» loy pour saincte et véritable, comme conforme à la
» parole de Dieu , sans distinction équivoque, ou limi-
» tation quelconque, etc. »

Et le tiers répétait toujours qu'*en France la couronne ne dépendait immédiatement que de Dieu*;

comme pour bien constater la séparation de l'État et de l'Église; et par là on arrivait à la doctrine de l'émanation directe du pouvoir divin, que Bossuet devait bientôt après développer dans les termes que nous avons vus, entraîné qu'il était sans doute par le haut ascendant de cette puissance de Louis XIV qui faisait tout fléchir. Ainsi du côté des hommes ennemis du désordre populaire, tout allait au pouvoir absolu, ou mieux encore à une sorte de théocratie despotique, dont l'établissement aisément supporté par des peuples accoutumés à la soumission, devait plus tard devenir une image odieuse et une occasion de vengeance lorsque des enseignements tout contraires auraient germé dans le cœur des sujets, et que la liberté, bien ou mal comprise, les aurait poussés à la révolte.

D'autre part en effet, et à mesure que les princes s'affranchissaient de l'autorité de l'Église, il se formait une doctrine publique qui, détruisant dans sa base cette même autorité, détruisait à la fois celle des princes, et la livrait comme une proie au caprice de la multitude.

La chose ne pouvait aller autrement. Car, ainsi

que nous l'avons dit, il fallait en définitive que le pouvoir des rois fût consacré aux yeux des peuples par quelque puissance dont la volonté fût pour eux une raison souveraine d'obéir.

Or les rois avaient promulgué cette loi de politique que nulle puissance spirituelle n'avait le droit d'imposer l'obéissance aux sujets, et ils entendaient avoir en eux l'autorité suffisante pour la commander. Et comme l'esprit raisonneur n'admettait pas plus ce droit inhérent de la royauté que l'esprit rebelle n'avait admis le droit de l'Église, il fallut bien se résoudre à laisser s'établir une doctrine également opposée à l'un et à l'autre, la doctrine de la souveraineté du peuple, la seule à laquelle on ne pouvait échapper une fois qu'on était sorti de l'enseignement si simple et si logique de la religion.

Ce fut la réforme qui accrédita cet enseignement terrible. La réforme ne voulait aucune autorité sur la terre. Tout se réduisait à faire l'homme maître absolu de ses actes et de ses pensées. Par conséquent en appliquant sa règle à la politique, la réforme ne reconnaissait pour le peuple d'autre souverain que lui-même.

Or elle posait ce principe avec une hardiesse effroyable, et elle en tirait les conséquences avec une
égale témérité. Elle disait : « Le peuple est son maî-
» tre; lui seul possède en lui le droit de commande-
» ment qu'il transmet ou retire à volonté; et même
» sa souveraineté est tellement absolue, qu'il l'exerce
» toujours avec droit, même quand il l'exerce sans
» droit, *car le peuple n'a pas besoin d'avoir raison*
» *pour valider ses actes.* De là le droit du peuple de
» défaire les rois; bien plus, de là le droit de les punir et
» même de les mettre à mort. Car le peuple sait à quelles
» conditions il remet l'exercice de sa propre souve-
» raineté, et il reste juge de la fidélité avec laquelle
» elle est exercée (1). » On sait tout ce qui est contenu
dans cette doctrine; les meurtres, les renversements
de trônes, les régicides, toutes les fureurs de l'anarchie. Eh bien, la réforme ne recule pas; elle énu-
mère au besoin ces atrocités comme autant de
droits, et pour faire voir que ce n'est pas le délire
d'un esprit frénétique qui enfante de tels enseignements, il faut que les hommes les plus graves les

(1) Voy. les Lettres de Jurieu et les Avertissements de Bossuet.

consacrent par leur autorité, et après que Mélanchton avait agi comme Luther, il faut qu'Abbadie parle comme Jurieu (1). Partout c'est un cri d'anarchie; partout un appel au meurtre contre les rois ; partout le droit établi par le peuple de détruire la société à son gré, et de renverser tous les pouvoirs , sans qu'il y ait hors de lui ou au-dessus de lui aucune autorité ayant droit de régler ses actes et de réprimer sa frénésie.

Ces maximes, au reste, remontaient loin. La réforme n'avait eu que le triste mérite de les rassembler en corps de doctrine. A mesure, en effet, que le lien de l'Église et de l'État s'affaiblissait par le désir de l'État d'échapper à la souveraineté de l'Église, la souveraineté du peuple se montrait comme alternative : il n'y avait pas de milieu possible, à moins que les rois ne fussent des dieux, chose absurde que la flatterie avait adoptée, et que repoussait la conscience humaine. Et pour montrer

(1) Voyez un ouvrage d'Abbadie, aujourd'hui peu connu, intitulé : *Droit de Dieu.* C'est la théorie de la révolte et du cri[illegible] u gouvernement des sociétés.

qu'il fallait inévitablement aller à l'une ou à l'autre de ces deux souverainetés, ceux-là même qui, les premiers, avaient voulu affranchir les rois de l'Église les livraient en proie à la multitude. Gerson, un grand chancelier de l'université, avait exposé ce droit en présence du roi Charles VII, et il lui avait agréablement commenté cette maxime de Sénèque, *qu'il n'y a point de sacrifice plus agréable à Dieu que l'occision des tyrans.* Et puis il ajoutait ces mots : *Concluons que si le chef ou quelque autre membre de la république encourait un tel inconvénient qu'il voulût avaler le venin mortel de la tyrannie, chaque membre en son lieu s'y devrait opposer de tout son pouvoir par les moyens expédients et tels qu'il ne s'ensuivît pas pis* (1). Ainsi le peuple était juge de la tyrannie du roi et des *moyens expédients* pour la réprimer.

Ailleurs, le même défenseur de l'indépendance temporelle des monarques développait le même droit : « C'est erreur, dit-il dans ses considérations

(1) *Sermo ad reg. Franc. nomine universitatis, Paris.* — Voy. la Harangue du cardinal du Perron aux états-généraux.

» contre les flatteurs des rois, de croire qu'un prince
» ne soit obligé en rien durant sa domination à ses
» subjets; car, selon le droict divin et la naturelle
» équité, et la fin de la vraye domination, comme
» les subjects doivent foy, aide et service à leur sei-
» gneur, ainsi le seigneur doit à ses subjects foy et
» protection. Et si le prince les poursuit manifeste-
» ment et avec obstination en injure et de faict,
» alors cette reigle naturelle : *Il est licite de repous-*
» *ser la force par la force*, et cette sentence de Sé-
» nèque : *On ne peut immoler de victime plus agréa-*
» *ble à Dieu qu'un tyran*, ont lieu (1). »

Ainsi voilà le peuple maître et juge suprême de
la souveraineté, soit qu'il la garde, soit qu'il la dé-
lègue; et les choses, comme on voit, sont poussées
à l'extrême, puisqu'il s'agit constamment de re-
pousser la force par la force, et d'*immoler le tyran,*
cette victime la plus agréable à Dieu.

Et telles étaient les maximes que la réforme trouvait éparses dans la société, et qu'elle se hâta de
recueillir. On avait voulu consacrer l'affranchisse-

______

(1) *Ibid.*

ment des rois de l'autorité de l'Église ; la réforme se chargea de cet affranchissement, en exterminant, autant qu'il était en elle, cette autorité. C'était bien le moyen le plus assuré ; mais comme d'autre part on ne voulait pas diviniser la tyrannie, on déplaça la souveraineté. On l'avait ravie à Dieu, on la jeta au peuple. C'est-à-dire, on détruisait la société fondée sur la foi, pour établir une société fondée sur la force ; et par là même on détruisait la liberté, car qu'y a-t-il de plus oppresseur que la force ? quoi de plus tyrannique ? quoi de plus aveugle et de plus odieux ?

Ce fut contre ces doctrines que s'arma le génie de Bossuet ; et il faut croire que dès le temps de Louis XIV elles s'annonçaient au monde avec une autorité effrayante, à voir l'activité infatigable du grand évêque et son ardeur à les foudroyer.

D'abord, toute sa doctrine, à lui, en était troublée. Comment pouvait-il entendre que *le peuple fait les souverains et donne la souveraineté, qu'il peut exercer cette souveraineté même contre les rois qu'il a faits, les juger, leur faire la guerre, les priver de leur couronne, changer l'ordre de la succession et même la forme du gouvernement* (1).

Et que devenait, juste ciel ! cette autre doctrine du pouvoir divin, cette émanation de la première majesté, cet écoulement, cette nature mystérieuse des rois ?

Puis Jurieu, cet esprit hardi et témérairement conséquent, venant à expliquer cette politique populaire par des pactes sociaux, tout le génie de Bossuet s'enflammait de nouveau, et il montait, si haut qu'il pouvait, à l'origine des peuples, pour expliquer le droit du commandement par quelque autre principe ; ne voyant pas qu'à l'origine il était exposé à trouver un fait d'usurpation, et qu'il ne lui restait pour le légitimer que cette *sainteté inhérente* au caractère de roi, sainteté que le ministre désavouait aussi bien que la raison chrétienne. Et plus le ministre allait hardiment dans les conséquences de sa doctrine, plus Bossuet se trouvait mal à l'aise dans la sienne. *Il n'y avait pas jus-*

(1) Lettres de Jurieu, XVI et suivantes. Voyez le cinquième Avertissement de Bossuet.

qu'aux relations de père et d'enfant, de mari et de femme, qui ne fussent établies, suivant la réforme, *sur un pacte mutuel, en sorte que quand une partie anéantit ces obligations, elles sont anéanties de l'autre* (1) ; et à ces mots Bossuet semblait bondir encore, et après s'être cru toutefois obligé de dire que *ce discours était spécieux* (2), il ramassait toutes ses forces pour le détruire. Sa haute raison en était mortellement choquée ; et certes il le combattait avec toute la supériorité que peut donner l'éloquence humaine ; mais il faut bien dire qu'il manquait, sinon à son génie, du moins à sa doctrine, la puissance de renverser de si mortelles erreurs.

Et la preuve en est que le grand évêque résumait sa polémique par une doctrine qui rentrait rigoureusement dans celle de ses adversaires. « L'intérêt » mutuel des souverains et des peuples, disait-il, » fait la borne la plus naturelle de la souveraineté (3). »

(1) Lettre II.

(2) Cinquième Avertissement.

(3) *Ibid.* vvi.

Qu'est-ce à dire ? Les peuples restaient donc toujours juges suprêmes des souverains ! et dès qu'ils croyaient que leur intérêt était blessé, ils pouvaient donc revenir à la doctrine de Gerson, et se faire droit à eux-mêmes ! La conséquence était visible ; car il ne suffisait pas d'établir en fait que « comme » le vrai intérêt du peuple est d'intéresser à son sa- » lut ceux qui gouvernent, le vrai intérêt de ceux » qui gouvernent est d'intéresser aussi à leur con- » servation les peuples soumis » (1). Cela même ne constituait pas le droit du prince ou du peuple. Et qui ne sait, après tout, que les *peuples soumis* se lèvent brusquement pour une chimère, et brisent tout pour un droit qu'ils ont cru violé ? Que devient alors le vrai *intérêt ?* Voilà le peuple qui n'en veut pas ; le voilà livré à son délire, il n'écoute rien, il se croit outragé, opprimé ; il l'est peut-être, et il prend les armes. Qui est-ce donc qui est juge en ce conflit ? La réforme le sait, mais le grand Bossuet ne le sait pas ; car l'intérêt ne fait pas un droit. L'intérêt est souvent un caprice ; l'intérêt est va-

______

(1) Cinquième Avertissement, LVI.

riable de sa nature; et puis encore il faudrait savoir
qui est-ce qui juge l'intérêt même. Et si le peuple
voit son intérêt dans sa ruine, que direz-vous? C'est
encore la réforme qui affirme que le peuple a le
droit de se faire mal à lui-même, qu'il a le droit de
suicide. C'est là de la frénésie, sans doute, mais il
ne s'agit pas d'opinions opposées à des opinions; il
faut arriver à un principe de droit, et si la réforme
était affreusement conséquente en allant le chercher
dans la souveraineté du peuple, qui est la destruction de tous les droits, Bossuet manquait aux lois
de la logique en le renfermant dans je ne sais quel
intérêt mutuel dont le juge n'était nulle part, ou
bien dans la souveraineté personnelle du roi dont
la volonté dominait toutes les règles.

Toutefois Bossuet resta le maître, parce qu'il y
avait en ce tems-là un roi qui suppléait par sa volonté de fer au défaut des argumentations des défenseurs de sa couronne. La réforme se contenta,
en fléchissant sous le sceptre de Louis XIV, de jeter
ses livres et ses doctrines dans le monde. Bientôt
ses enseignements devaient être comme des bran-
dons; et comme d'autre part la puissance du

monarque s'était de plus en plus isolée de l'autorité tutélaire de la religion, et avait fini par traiter l'Église en ennemie, la réforme eut par là toute la liberté de ses moyens contre un pouvoir qui s'obstinait à venir directement de Dieu, et à soutenir ce droit mystérieux en présence d'un siècle qui bientôt n'allait plus croire à aucun mystère.

Passons vite sur ce siècle dégoûtant de cynisme et d'impiété. Si on voulait ne considérer les événements de la politiques que dans l'ordre général de la Providence, sans descendre aux discussions de droit et à l'examen des causes rationnelles qui ont provoqué nos désordres, il y aurait dans l'histoire de ces tems de débauche toute l'explication de nos calamités les plus récentes. Dieu est grand et terrible !... voilà tout ce que nous pouvons dire en présence de nos souvenirs et de nos malheurs.

Quant aux principes dogmatiques sur la souveraineté, ils se corrompirent à l'égal des mœurs et de la foi. Lorsqu'on ne crut plus en Dieu, la doctrine du pouvoir divin ne fut plus qu'une amère dérision. Une doctrine toute différente fut prêchée

dans les chaires et devant la royauté même , et
Massillon fit entendre ces paroles au jeune successeur de Louis XIV : «Un prince n'est pas né pour
» lui seul ; il se doit à ses sujets : les peuples en l'é-
» levant lui ont confié la puissance et l'autorité, et
» se sont réservé en échange ses soins , son tems ,
» sa vigilance.... Ce sont les peuples qui, par l'ordre
» de Dieu, les ont faits tout ce qu'ils sont ; c'est à eux
» à n'être ce qu'ils sont que pour les peuples. Oui,
» Sire, c'est le choix de la nation qui mit d'abord le
» sceptre entre les mains de vos ancêtres : c'est elle
» qui les éleva sur le bouclier militaire et les procla-
» ma souverains. Le royaume devint ensuite l'héritage
» de leurs successeurs ; mais ils le durent originaire-
» ment au consentement libre des sujets : leur nais-
» sance les mit ensuite en possession du trône ; mais
» ce furent les suffrages publics qui attachèrent d'a-
» bord ce droit et cette prérogative à leur naissance ;
» en un mot, comme la première source de leur au-
» torité vient de nous, les rois n'en doivent faire
» usage que pour nous (1). »

____

(1) *Petit Carême*. Écueil de la piété, etc.

Certes ce n'était plus là cette doctrine du droit divin enseignée quelques années auparavant par la voix puissante de Bossuet. Voyez comme la royauté était précipitamment descendue ; d'abord on l'avait élevée jusqu'à Dieu, et maintenant elle partait de nous ! Quel contraste rapide ! et pourtant, chose prodigieuse ! les adorateurs du pouvoir ne cédèrent pas brusquement, comme on pourrait croire, sur une doctrine que la chaire abandonnait en face du trône, et, s'ils ne pouvaient plus la présenter à un siècle impie, ils la gardaient pour l'opposer à l'Église, comme une arme brisée qui pouvait encore porter quelques coups, jusqu'à ce que cette autre doctrine de la souveraineté du peuple faisant explosion vînt tout renverser.

La révolution éclata. Alors fut complètement mis en pratique cet enseignement de la réforme, le seul qui pût être entendu d'un siècle matérialiste, et auquel s'était plié forcément l'esprit de quelques docteurs de l'Église rebelle à l'autorité du catholicisme. Le peuple devenu souverain usa de tous les droits qui lui avaient été faits, et surtout du droit d'agir contre le droit. Jamais désordre semblable ne s'était vu dans le monde, et le désordre même était un exercice rigoureux de la souveraineté. Les meurtres et les spoliations , les sacriléges et les régicides , tout fut légal , afin qu'on sût bien que tout était une conséquence du droit nouveau. Chaque jour apportait ses crimes et ses changements; et quoi d'étonnant ? On avait voulu que le peuple fût roi , et on avait dit d'avance que le peuple-roi avait le droit de tout briser et de se briser lui-même. Il fallait bien que cette royauté accomplît sa destinée. Elle l'accomplit en effet par tous les moyens qu'il est donné à l'homme de mettre en action, par le crime comme par la vertu, par la férocité comme par la grandeur, par la lâcheté comme par le courage. Ce fut un effroyable mélange d'atrocité et d'indépendance, de barbarie et de liberté : la souveraineté s'exerça de toutes façons, dans les assemblées choisies et dans les places publiques , dans les palais et dans les carrefours , et toujours ce fut une souveraineté aveugle , capricieuse , impétueuse et dévorante , toujours se renversant elle-même , toujours détruisant son ouvrage de la veille , ses pouvoirs, ses magistratures, sa liberté et ses lois. On sut enfin ce que c'était que le peuple jouissant de cette pleine autorité sur lui-même dont l'avait bercé la flatterie des sophistes. Lui-même finit par s'épouvanter de sa puissance, et accablé par ses propres fureurs, il se laissa tomber dans les mains de ceux qui voulurent tourner contre lui sa souveraineté. Un directoire stupide, une usurpation despotique, c'est par là qu'il échappa à sa destruction. Ce roi nouveau était sauvé par la servitude ; ce fut la dernière leçon que la Providence voulut donner au monde, et après que la royauté véritable, en cherchant son indépendance hors de la religion, s'était dévouée à la tyrannie des bourreaux, la royauté populaire, en courant de crimes en crimes à la liberté, avait fini par expirer sous le glaive d'un soldat.

En tout cela nous ne devons voir, pour l'objet principal de cet écrit, que la mise en pratique de la doctrine ancienne qui avait séparé le pouvoir de l'Église.

Ainsi affranchi des lois spirituelles, qui seules

règlent la conscience, et par conséquent comman-
dent et dirigent la soumission, le pouvoir s'était
constitué uniquement pouvoir de fait. Il était légitime en ce sens qu'il était transmis d'après la loi
politique, de père en fils, par ordre de primogéni-
ture. Mais il entendait ne plus l'être en ce sens que
la religion aurait eu le droit d'ordonner aux peuples
la fidélité et l'obéissance. Or, ainsi abandonné à ses
propres forces, il descendit seul dans l'arène pour
lutter contre cet autre pouvoir de la souveraineté
populaire, pouvoir de fait aussi, mais pouvoir formidable, par la raison même qu'il était le seul qui
pût réaliser véritablement ce vœu d'affranchissement du pouvoir en général. Ce n'était pas à la
royauté qu'il avait été dit qu'elle n'avait pas besoin
d'avoir raison pour valider ses actes. Cette parole
avait été adressée au peuple qui ne l'avait que trop
entendue, et il s'ensuivit que tous les pouvoirs qui
naquirent du désordre de sa volonté se crurent un
droit égal de commander aux hommes; et en effet,
pouvoirs lâches et imbécilles, pouvoirs terribles et
intelligents, pouvoir d'une assemblée et pouvoir
d'un homme, tous venaient de la même source, de

la force aveugle et brutale du peuple , et l'on put
voir ce que gagne le monde à se déclarer affranchi
d'une autorité toute morale , et ce que devient la
liberté lorsqu'elle n'a d'autre sauvegarde que la volonté des multitudes.

CHAPITRE III.

DE LA POLITIQUE DE LA SAINTE ALLIANCE.

L'Europe se leva contre Bonaparte. Elle avait assez de ce despotisme pesant, exercé d'abord au nom du peuple, puis au nom du sabre. Elle arriva sur la France comme un grand torrent débordé qui lâche ses eaux de toutes parts. Elle avait à la bouche un mot imposant, un mot qui, bien entendu, renferme tous les droits et tout ce qui constitue l'équité parmi les hommes, le mot de légitimité, dont la magie merveilleuse fit tomber en un jour le plus grand potentat du monde. Cela prouvait au moins que le sentiment général du droit et de la justice ne meurt pas dans les sociétés, même au milieu des désordres extrêmes de l'usurpation et de l'iniquité. Il eût donc été facile de donner à la légitimité son vrai caractère. Les peuples ne demandaient pas mieux que de recevoir un enseignement contraire à celui qui leur avait été fait, et qui ne leur avait produit que de longs désastres et une mortelle servitude. Les princes, représentants de cette légitimité, arrivaient d'ailleurs avec une grâce inconnue aux générations nées dans le bruit des guerres ou dans les tumultes sanglants des places publiques; la nation toute entière croyait revivre, et retranchait de son souvenir vingt-cinq ans de désolation pour arriver à des tems nouveaux, où la liberté cesserait d'avoir son air farouche, et le commandement, sa volonté impitoyable.

Avouons-le; l'instinct public fut trompé, et si la nation ne sut pas se rendre compte de l'espèce de déception qui bientôt la jeta dans un malaise incurable, il n'en est pas moins vrai qu'elle sentit, quoique d'une manière vague en quelque sorte et mystérieuse, le vide de cette restauration applaudie et bénie par elle.

Rien en effet ne pouvait être vrai ou complet dans le système de politique adopté par la France et par l'Europe depuis 1814.

Louis XVIII, roi intelligent, mais qui, par sa nature même, ne pouvait que tendre à écarter les difficultés, et non point à les résoudre, Louis XVIII arriva avec une Charte habilement faite, si elle devait confondre et mêler les hommes et les âges, les préjugés et les droits, les erreurs et les vérités, mais remplie de contradictions, si elle devait constituer un état ferme au milieu des factions, et faire prédominer une pensée de politique parmi toutes les chimères que les philosophes avaient depuis deux siècles jetées dans l'esprit des hommes.

La monarchie de Louis XIV était d'un côté, et la souveraineté du peuple était de l'autre. Je ne me trompe pas, ce me semble; car, dans ces derniers jours, il a suffi de supprimer le préambule de la Charte pour accommoder admirablement son dispositif à la révolution (1).

(1) « Louis XVIII fut roi par transaction entre la puissance

Or était-il possible, je le demande, de faire admettre par un siècle tel que nous l'avaient fait de

de l'esprit ancien, aidée des armes de l'Europe, et la puissance de l'esprit nouveau encore formidable, quoique vaincue. Le talent de Louis XVIII, ce fut de comprendre que, roi par transaction, il devait respecter les conditions de cet accord : il ne se laissa pas tromper à toutes les paroles de droit inaliénable et de légitimité imprescriptible que, par un reste de vanité royale, il laissa mettre dans le préambule de la Charte. Il savait au fond à quel prix il possédait ce pouvoir qu'on prétendait qu'il tenait de ses aïeux. La faute et le malheur de son successeur, c'est de s'être laissé tromper à tous ces mots d'un autre temps ; il a cru à son droit inaliénable, il a voulu le réaliser. Il a voulu régner en vertu de sa naissance, il a voulu être roi despotique : il l'a été un seul jour, le 26 juillet, le temps qu'il a fallu à Paris pour lire les ordonnances. Le lendemain il était tombé.

» Cette chute est juste. Quittant le titre de monarque constitutionnel pour le titre de monarque absolu, Charles X a dû subir aussitôt toutes les conditions attachées à la monarchie absolue, qui se fait par la violence, et qui se défait de même. Commençant cette nouvelle carrière par un coup d'état, il devait finir par une insurrection. La faute de sa politique, c'est de n'avoir pas compris qu'avec nos idées de liberté et de fierté nationales, cette carrière n'avait et ne pouvait avoir

longs enseignemens de révolte et de matérialisme,
que Louis XVIII, roi comme Louis XIV, l'était
au même titre que lui, c'est-à-dire par le droit directement émané de Dieu, par suite de *cette sainteté
inhérente au caractère royal,* ou de *l'écoulement de
la majesté divine?* C'est là une vraie folie, et personne n'y pouvait songer.

D'autre part, la religion, non-seulement par suite
de l'impiété des tems modernes, mais aussi par
suite des doctrines défiantes de la vieille monarchie,
restait comme un témoin muet des révolutions.
Osons dire que la restauration n'eût pas voulu que
la religion élevât sa grande voix parmi les peuples
pour leur faire un devoir de la soumission à la glorieuse dynastie de saint Louis. On voulait que la

qu'un jour d'espace. Quant aux fautes de sa conscience,
qu'elles soient entre Dieu et lui, et surtout entre Dieu et ceux
qui ont osé délier le roi de France du serment de fidélité qu'il
avait prêté à la face de la France ; ceux qui, ayant reçu ce
serment, ont cru qu'ils en étaient maîtres, et qu'ils le pouvaient rendre ! Honte, dans l'histoire, honte éternelle à ceux
qui ont fait le malheur de la branche aînée des Bourbons ! »

Journal des Débats, du 10 août.

4

soumission fût un devoir indépendamment de toute autorité ayant droit de parler à la conscience. Mais quoi ! cette soumission n'était donc qu'une soumission de fait ! Il fallait donc obéir à la restauration, comme on avait obéi à Bonaparte ! On n'y prenait garde ; toujours à force de fuir la domination du pouvoir spirituel, on se précipitait dans la souveraineté de la force. L'Europe avait brisé un gouvernement de fait, et on faisait tout pour qu'il n'y eût qu'un gouvernement de fait à sa place.

Or voilà bien l'origine et l'explication du malaise qui fatigua la France pendant quinze années, bien qu'elle eût en apparence toutes les conditions de bonheur et de liberté. C'est qu'aucune opinion ne se voyait satisfaite par un ordre de choses qui avait voulu *renouer la chaîne des tems*, c'est-à-dire concilier des choses diverses, les hommes qui n'avaient point cessé de rêver la souveraineté du peuple, voyant le pouvoir absolu dans le préambule de la Charte, les défenseurs de la royauté, voyant la souveraineté du peuple dans ses articles, et les chrétiens fidèles, ne voyant la religion nulle part ; de telle sorte, qu'à bien dire la charte n'avait d'autorité pour personne , et que tout se bornait à l'invoquer sans y croire , jusqu'au jour où l'on pourrait l'invoquer pour la détruire.

Il n'entre pas dans mon sujet d'examiner ensuite en détail les diverses dispositions de cette Charte qui pouvaient justifier ces défiances, ni les actes du gouvernement qui purent encore les aggraver. Toutes ces questions ont été traitées isolément, et l'on sait à présent partout ce qu'il y eut de faux et d'incomplet dans un système qui eut le singulier privilége de ne pouvoir être par sa nature, ni absolu , ni populaire, ni catholique, et qui lorsqu'il essaya d'être l'un ou l'autre ne le fut que d'une manière ambiguë , incertaine, et par conséquent fatale et désastreuse.

Revenons aux généralités. Plus donc le gouvernement de la restauration s'isolait des principes vrais ou faux qui constituent le pouvoir dans la pensée des hommes , plus il se faisait gouvernement de fait, et c'est en ce sens que j'ai entendu qu'il détruisait autant qu'il était en lui la légitimité.

Ce fut par malheur la tendance universelle des cabinets de l'Europe. Parce qu'avec leur million de soldats réunis ils avaient abattu la puissance de

Bonaparte, ils pensaient qu'il n'y avait rien dans le monde si ce n'est la puissance d'un million de soldats. Pour eux encore la légitimité était un fait et non point un droit. C'était leur volonté seule qui avait relevé le plus beau trône de la terre, et ils ne pouvaient imaginer que le devoir de se soumettre au descendant de tant de rois pût être imposé par un pouvoir distinct de leur volonté souveraine? Assurément il ne faut point nier que pour arriver à ce grand résultat politique les cabinets n'eussent déployé un ensemble de moyens, de vues et de vertus même, qui fera l'admiration de la postérité! Mais puisqu'il s'agit ici de droit, il faut bien reconnaître aussi que l'Europe n'en connut pas d'autre qu'un droit de convention. Et la preuve en est sans doute que la restauration laissa l'usurpation maîtresse en quelques lieux, qu'il fallut des événements nouveaux pour chasser Murat du trône, que la Suède garda Bernadotte, et qu'enfin dans les distributions de territoire qui eurent lieu, l'Europe fit ses dispositions selon les avantages de chacun, sans avoir le moindre égard à la liberté des peuples, qui est aussi une légitimité, ni à leur religion qui en est une autre apparemment, et la première et la plus sainte et la plus inviolable de toutes (1).

Telle fut évidemment la politique des cabinets, politique matérielle, s'il en fût jamais, politique plus ou moins habile, plus ou moins conforme à de certaines vues d'ambition ou de puissance, mais politique étrangère aux doctrines immortelles qui constituent l'ordre; politique de fait, en un mot, ayant besoin de faire mouvoir des armées formidables, parce qu'elle ne se fonde sur aucun principe de droit religieux. Et pourtant l'alliance des cabinets s'est appelée *sainte*. Et pourquoi sainte? Est-ce parce qu'elle est indifférente à toute religion? Est-ce parce que l'erreur y est représentée comme la vérité? L'alliance eût été sainte, si elle eût mis Dieu en tête de sa politique, si elle eût eu la vérité éternelle pour règle et non point un intérêt passager, si elle eût enfin tendu à l'unité sociale et à la régénération des peuples par la foi. L'alliance a été si peu sainte, qu'elle s'est séparée de la religion pour ne considérer que les faits de la politique. Par là elle a

____

(1) Soumission des Belges au gouvernement hollandais.

ruiné tout ce qui constituait la liberté des vieilles monarchies. Elle a laissé opprimer la conscience des peuples. Le protestantisme, sous ses auspices, s'est fait tyran; la Belgique a été mise en servitude, les villes *libres* d'Allemagne ont fait des lois d'oppression contre les catholiques. On dirait un vaste système de défiance et de haine contre la vieille foi de l'Europe, qui s'est exercé par les souverains de l'alliance au profit d'une hérésie expirante. Les gouvernements qui ont le moins besoin d'être tyranniques ont essayé de la domination; l'Autriche a eu peur aussi de ce terrible épouvantail du catholicisme, et nous avons vu notre pauvre France, notre monarchie de la restauration, si battue, si minée par une révolution infatigable, se distraire de ces attaques pour se ruer, *avec ses quatre articles des libertés de l'Eglise gallicane*, contre l'envahissement du Pape, des jésuites et de la congrégation. Pitié! ô pitié! il y a là de quoi confondre toutes les pensées d'un homme; et cela s'appelle la *sainte alliance* de l'Europe! Mais avec ces systèmes qui ne voit que le monde courait à une grande ruine?

Plus, en effet, les cabinets se sont détachés et

continuent à se détacher du seul pouvoir qui ait
droit de parler à la conscience des peuples , et de
leur commander la soumission , plus ils se constituent pouvoirs de fait , et plus aussi ils se dévouent
à toutes les calamités qui découlent d'un ordre de
choses ainsi fondé sur la force.

L'Europe donc , en se mettant dans cette situation toute matérielle , n'a fait que donner le signal
à toutes les oppositions fougueuses qui attendaient
le moment d'attaquer les trônes. Désormais c'est la
force qui règne , et la force seule , la force sans règle et sans loi ; et par conséquent le pouvoir sera
disputé avec un acharnement frénétique , sans qu'il
y ait dans le monde aucune puissance ayant droit
d'avertir les peuples de l'illégitimité des prétentions
ou des triomphes. Ainsi voilà une arène ouverte.
Les peuples vont y descendre , tout armés de doctrines de liberté et de vœux de changement ; et de
leur côté les rois y descendront avec des flots de
légions armées. Mais , qu'on le sache bien , rien de
plus impuissant que l'intrépidité des soldats et le
tranchant des épées pour arrêter la marche des intelligences. Il se fera des révolutions malgré la force,

ou plutôt parce que la force même est devenue le seul droit ; et ainsi les gouvernements seront pour beaucoup dans ces révolutions, par la raison même qu'ils ont voulu aussi n'être constitués que par la force. C'est là une nécessité des choses, plus entraînante que tous les raisonnements de bien public, de paix et d'ordre, qui seront offerts aux nations. C'est la conséquence inévitable des principes qu'on a posés. Telle on a voulu faire la société, telle elle doit se montrer, sans dogme public, sans règle de croyance, sans autorité morale : informe assemblage d'individus suivant leur caprice ou leur conscience, et soumis seulement à une certaine discipline extérieure ; bizarre mélange de désordre moral et d'ordre matériel, où chacun est son juge suprême, est son pontife, est son roi. Dans cette situation de choses, on obéit à la loi ; mais on sait bien qu'on aurait le droit de lui désobéir, pour peu qu'elle parût choquer les pensées qu'on s'est faites sur la liberté. Par là même la force échappe à la force : les gouvernements ne peuvent plus compter sur leurs armées ; car les baïonnettes sont intelligentes comme tout le reste, et dès que la soumission raisonne, elle n'est plus. Voilà donc le dernier résultat de cet affranchissement des couronnes de la puissance des lois de Dieu. Chaque homme aussi s'est fait libre, et il ne reste dans la société que des masses agglomérées qui suivent au hasard des opinions diverses, c'est-à-dire, en un mot, il ne reste que la souveraineté de l'homme et la souveraineté du peuple. Non, les trônes ne résisteront pas à cet entraînement des idées universelles; il faudra que les rois s'abaissent devant cette inexorable puissance de l'opinion qu'ils ont jetée dans le monde, à la place de l'autorité bienveillante de l'Église, qui leur faisait tant d'ombrage. Ils ont voulu réaliser en quelque sorte la chimère des droits de la nature, et ils apprendront que la nature ne fait point les droits; ils sauront que le commandement ne vient pas uniquement de la naissance, qu'il a sa source plus haut, et qu'il faut monter à cette origine, à moins de se précipiter dans le gouffre où se remuent les passions qui font l'anarchie. Et encore il faudra peut-être qu'ils tombent dans cet abîme, car il ne sera plus en leur pouvoir de se remettre brusquement sous l'empire de la vérité. Tout ce qu'ils pourront faire, ce sera de ne point tourner contre elle les derniers restes de pouvoir que l'on voudra bien laisser en leurs mains.

Affranchis de l'Église, ils seront encore heureusement inspirés de ne songer point à mettre l'Église en servitude. Par là peut-être ils favoriseront, ne fût-ce que par l'inertie, le travail tout nouveau des grandes restaurations. Mais est-il bien permis de porter d'avance sa pensée sur cet avenir, lorsque nous avons en présence le violent combat des opinions qui met fin à la dissolution des vieilles sociétés? Continuons d'assister à ce spectacle; nous y sommes comme témoins et comme acteurs, double rôle au-dessus de notre faiblesse, mais où il nous est donné de méditer profondément sur les voies mystérieuses de la Providence, et sur la manière terrible dont elle se joue de la sagesse des politiques et de la puissance des dynasties.

CHAPITRE IV.

CARACTÈRE DE LA RÉVOLUTION PRÉSENTE.

VOICI donc le signal donné. Il part de la France, comme tous les signaux des grandes révolutions qui depuis douze siècles changent la face des monarchies chrétiennes. C'est en France que s'abîma le système de la féodalité, contrepoids de la puissance des rois; c'est en France que disparut le système catholique, protecteur de la liberté des peuples; c'est en France à présent que s'établit cet autre système de la souveraineté populaire, complément des révolutions passées, puisqu'il menace de détruire tout à la fois, aristocratie et royauté, religion et liberté même.

Les politiques qui ne voient que la surface des
événements ont cru suffisamment caractériser la révolution présente, en disant qu'elle avait été improvisée par le peuple en haine du despotisme, et ils
ajoutent que la preuve du désintéressement du
peuple c'est sa modération dans la victoire. Puis
viennent les éloges de ce grand peuple, de ce beau
peuple, de ce peuple unique dans le monde. Je se-
rais fâché de contredire cet enthousiasme. Je ne
dirai donc pas ce que j'ai vu. Ce qu'il suffit de remarquer, c'est que le peuple vainqueur n'a pas su
ce qu'il faisait, qu'il a fait ce que personne n'avait
prévu; qu'au moment de la victoire nul ne pouvait
dire ce qui adviendrait; que les chefs eux-mêmes
n'avaient à cet égard aucun pressentiment; que la
veille du triomphe les quatre personnages qui ac-
coururent parlementer aux Tuileries avec les ministres étaient pâles de terreur, et prêts à se soumettre
à des conditions qui auraient laissé debout la monarchie de Charles X; qu'au moment même du
départ de la monarchie fuyant avec vingt mille défenseurs acharnés à mourir pour elle devant une
multitude sans armes, sans chefs, sans discipline,

la révolution s'attendait à chaque moment à être assiégée, et ne savait que faire de ses succès; que tout enfin est arrivé par un de ces brusques retours de la fortune, qui vont au-delà de tous les vœux, ou qui renversent toutes les espérances, ou qui déconcertent tous les calculs, de telle sorte que la révolution dont chacun se vante est la chose du monde dont chacun devrait le moins se vanter, si ce n'est peut-être ceux qui en ont été les instruments véritables, ces malheureux ministres que la révolution devrait bénir, et que par une contradiction de plus elle veut punir de ses succès.

Mais quoi! c'est donc une œuvre du hasard, que cette révolution si inopinée, et pourtant si complète! Qui le dira? C'est au contraire parce qu'elle était faite et savamment faite avant d'éclater, qu'elle a dépassé toutes les prévoyances. Elle n'a été que la manifestation d'un fait existant universellement dans la société; la souveraineté du peuple, comme doctrine, n'avait pas été vaincue par le despotisme de Bonaparte, mais plutôt s'était transformée en lui pour échapper à elle-même. Elle n'avait pas non plus été vaincue par la liberté de la Charte, mais

plutôt s'était identifiée avec elle, et ainsi elle avait
acquis aux yeux des peuples un ascendant nouveau
par la double autorité des souvenirs de gloire que
l'empire avait laissés, et des idées d'indépendance que
la restauration avait suscitées. Ainsi elle était devenue le besoin commun, le sentiment universel des
hommes. Tout leur manquait sans cela. Le pouvoir
d'abord; il n'existait plus dans sa nature réelle, il
n'était que comme un beau débris d'un temple ruiné.
Les institutions politiques ensuite; ce n'étaient que
des essais nouveaux qui n'avaient rien de ferme et
d'établi dans les mœurs. Rien n'était vivant dans la
pensée publique, si ce n'est cette doctrine de la
souveraineté du peuple, flatteuse pour les ambitions,
pour les vanités et les existences nouvelles, et flatteuse aussi pour les masses stupides qui croient qu'il
est beau d'être pour quelque chose dans les affaires
de ce monde, ne fût-ce que pour les bouleverser et
les perdre. Tel était donc le sentiment général, le
besoin unique de la nation, et sous ce rapport la
révolution était complète long-temps avant qu'on la
vît se manifester par le feu des mousquets et le carnage des rues; et la preuve encore, c'est que deux

cent mille hommes armés dans la France n'ont pas eu seulement la pensée de s'opposer à un fait si publiquement consommé, que la royauté s'est enfuie, sans chercher à défendre ses droits ou à protester contre la violence, que les sujets enfin ont courbé la tête, et qu'aucune pensée de résistance ne paraît être venue à l'esprit des plus intrépides.

Que faut-il de plus? Est-ce là une révolution à faire en six heures? Et le peuple de Paris, c'est-à-dire ce peuple sorti brusquement de ses retraites avec ses haillons et sa nudité, peut-il bien s'enorgueillir d'une semblable victoire? Faut-il même en attribuer l'honneur à la population plus élégante qui s'est mêlée aux multitudes, ou à la population plus savante qui les a dirigées, ou à la population plus habile qui les a payées? Non, personne n'a droit à la gloire de ce succès; on peut citer des actions isolées de courage, ou de modération, et chanter des hymmes pour la générosité et pour la clémence. Mais l'ensemble des événements, encore une fois, vient de causes plus hautes et plus générales. Montez à deux cents ans de doctrines de liberté et d'égalité universelle, et vous aurez l'explication de ce changement inopiné. Tout était prêt pour le recevoir. Il ne fallait qu'enlever la décoration de la société ancienne. Quelques heures ont suffi. Cela s'est appelé une révolution ; c'était simplement un passage à d'autres scènes, à d'autres histoires, à d'autres tems, et sans doute aussi, quoi qu'on fasse, à d'autres calamités.

Mais quoi ! que faisions-nous donc, nous autres, défenseurs de ce pouvoir antique, qui semblait antipathique à notre âge ? N'étions-nous pas exposés à paraître entraînés par une sorte de délire ? Ah ! je n'expliquerai pas les motifs d'affection et de fidélité pour ces grands noms de notre histoire à un siècle qui s'est endurci, et qui n'a plus de larmes, parce qu'il n'a plus de foi. Mais si pour ma part j'osais parler de ce qui fut la règle d'un dévouement pour lequel je demande grâce aux esprits qui ont la prétention de n'être que positifs, je dirai qu'il dut sans doute être permis à tout honnête homme d'espérer qu'une race royale si ornée de vertus et de piété ouvrirait quelque jour les yeux sur la situation d'une société à qui l'on avait tout ôté, autorité et liberté, pour ne lui laisser qu'anarchie ou servitude.

De quoi s'agissait-il pour réaliser des vœux qu'il est trop facile à présent de regarder comme des chimères? de rendre le pouvoir conséquent soit aux doctrines éternelles qui constituent toute société morale, soit aux doctrines d'absolue liberté qui sont propres à une société matérielle. Or c'était un rêve peut-être, d'imaginer que le pouvoir exercé par un roi comme Charles X arriverait tôt ou tard à la vérité, lorsque d'ailleurs le peuple aurait la facilité de voir que la liberté se coordonnait à un système complet de catholicisme, aussi bien que la prospérité et le bien être matériel des sujets, et le développement de leurs richesses, de leur industrie et de leurs talents! Eh bien! le rêve est dissipé, et l'espérance est perdue. Il s'agit à présent de savoir comment d'autres vœux seront accomplis; mais quels que soient les événements que recèle l'avenir, nulle raison, quelque ferme qu'elle soit, n'aura le droit de reprocher leurs affections aux serviteurs de la dynastie déchue, à ceux surtout qui l'ont défendue malgré elle, qui ont été frappés de ses coups, et que la monarchie a délaissés ensuite comme un débris sur le champ de bataille où elle a expiré.

Mais, quoi qu'il en soit, toujours est-il certain que la révolution, comme je l'ai dit, n'a été que la manifestation d'un fait antérieurement existant, la mise en pratique de la doctrine de la souveraineté du peuple, doctrine universelle, contre laquelle toute autre doctrine sociale ne pouvait prévaloir, par la raison que peuple et pouvoir s'étaient entendus en quelque sorte depuis deux siècles pour la rendre maîtresse de la société.

Après cela il faut bien reconnaître de notables différences entre la manière dont elle s'était une première fois établie, et celle dont nous venons de la voir renaître.

La révolution de 1789 fut une révolution de passions en même temps qu'une révolution de doctrines. Ce n'était pas seulement un soulèvement impétueux contre toutes les supériorités sociales, mais aussi un acharnement frénétique contre les individus que le cours des âges avait élevés. De là les persécutions et les spoliations, de là les meurtres, de là les atrocités et les vengeances.

La révolution de 1830 trouve une société moins passionnée, et elle sent je ne sais quel besoin d'être elle-même exempte de fureur. Elle fera tout pour paraître modérée, et je ne dis pas qu'elle le sera toujours, car il y aura beaucoup d'hommes pervers toujours prêts à la prendre au mot, et à faire des émeutes pendant qu'elle s'appliquera à faire de la légalité; mais au moins elle fera mille efforts pour ne pas se précipiter en masse dans les violences constitutionnelles. C'est qu'elle a la haute prétention d'être d'abord une révolution de principes. La première fois la souveraineté du peuple fut sanguinaire; cette fois elle voudra paraître tolérante. Et d'ailleurs les victimes manqueraient aujourd'hui à ses fureurs. Il n'y a plus rien à dévaster, plus rien à renverser, plus rien à piller, si ce n'est dans les palais de la démocratie. Les vieux châteaux ont à peine relevé leurs ruines. Le clergé ne vit que des aumônes que lui fait l'État, et que la révolution lui continue; c'est la seule humiliation qui le puisse atteindre. A quoi bon se jeter dans les persécutions? L'échafaud ne trouverait à frapper aucune tête rebelle à l'ordre nouveau. La révolution se faisant au nom de la liberté, et tous les hommes ayant un égal besoin d'être libres, vous verrez qu'on aura l'adresse désespérante de laisser faire la révolution sans la déranger. Il pourra arriver qu'elle s'embarrassera beaucoup elle-même; mais pour ce qui est de la liberté, personne, je le pense, ne se fera tuer pour n'en pas vouloir. Ainsi la révolution présente n'aura rien de commun avec la révolution passée, d'abord parce qu'elle ne veut point lui ressembler, et ensuite parce qu'il est impossible même qu'elle lui ressemble. Il n'y a que le principe qui est le même, le principe de la souveraineté du peuple, principe que les grandes guerres de l'empire, et les disputes personnelles, mesquines et misérables de la restauration, avaient quelque tems tenu caché au fond des intelligences matérialistes de notre tems, mais qui devait se développer avec liberté, afin que les hommes pussent apprendre à quel degré d'anarchie peuvent aller les sociétés séparées de la religion; soit qu'elles y arrivent par la violence et le meurtre, soit qu'elles y tendent par la légalité et toutes les apparences d'une discipline bien ordonnée.

Or la révolution se faisant avec ce principe, et tout le monde la subissant, il ne reste plus dans la société que des pouvoirs de fait, et les hommes ne gardent plus aucun moyen certain de reconnaître l'équité des droits. Les droits même cessent d'exister. Il n'y a plus ni légitimité, ni usurpation. L'homme seul, et l'homme isolé est à lui-même sa propre règle. C'est lui qui décide souverainement s'il doit obéir. Et évidemment c'est cette souveraineté individuelle qui ressort de tous les faits politiques que nous avons vus. De telle sorte que le caractère de la révolution présente ne consiste pas seulement dans l'établissement de la souveraineté du peuple, mais surtout de la souveraineté de l'individu. Car la souveraineté du peuple n'est elle-même admise que comme une opinion personnelle. Et ainsi de conséquence en conséquence on arrive à cette royauté de l'homme, dernier terme de l'orgueil humain ; et à force d'échapper à la souveraineté, on fait autant de souverains qu'il y a d'opinions. Ainsi encore l'homme devient plus qu'un roi ; il se fait Dieu. Car lui seul est la règle de sa conscience ; lui seul se promulgue à lui-même la vérité, lui seul s'établit juge suprême des droits et des devoirs, et par conséquent lui seul les institue et se les impose, et par là il est législateur souverain. Que faut-il de plus ?

N'est-ce pas là le dernier terme de la liberté ? et au-delà que reste-t-il si ce n'est la folie ? Eh bien ! c'est là le caractère réel de la révolution présente, et pour peu qu'on ait eu de calme à l'aspect de ses progrès, telle on l'aura vue se produire et se développer au milieu des agitations et des tumultes qui n'en sont que les accidents.

Ici les faits deviennent nécessaires pour établir cette vérité.

Le trône de Charles X était tombé. Dans des tems comme les nôtres, il est facile, comme on l'a vu, de briser un trône. Mais il n'est pas si aisé peut-être de le remplacer par un autre. Il y a des gens qui croient pourtant que ce double événement s'est opéré avec une facilité égale ; je ne fais pas un livre pour les détromper. D'ailleurs il est amusant de voir ce royalisme nouveau, qui ne sait plus déjà que faire de sa liberté de la veille, et qui croit naïvement qu'il y a eu dans le monde deux cents ans de combats contre l'*absolutisme*, seulement afin que Louis-Philippe fût roi des Français.

Le fait est que Charles X tombé, chacun s'est mis à sa place ; et comme toutefois la royauté ne

pouvait pas être de fait exercée par tous les citoyens, ils l'ont exercée comme ils ont pu en la dé-
léguant. Voici quelques souvenirs de la séance de la
chambre des députés du 7 août.

Il s'agissait de faire un pouvoir quelconque. La
chose était pressée. L'anarchie courait les rues, et
chacun tremblait pour la souveraineté qu'il avait
conquise. On se hâta donc, et à peine si on donna
à ceux qui aiment le plus à parler, le tems d'exposer
les motifs personnels qu'ils pouvaient avoir de prendre parti pour un roi nouveau. Mais le peu de paroles qui furent prononcées ne furent que l'expression de cette souveraineté de l'homme se constituant
auteur du droit, créant sa légitimité, et s'établissant
par conséquent au-dessus de toutes les légitimités
et de tous les droits.

« La légitimité qu'on invoque, disait M. de La-
» borde, a péri dans le sang des Français, une seule
» légitimité subsiste : l'intervention du peuple dans
» la discussion de ses intérêts. »

« Le roi s'est déposé lui-même, disait M. Eusèbe
» Salverte; il s'est mis en hostilité contre le peuple :
» il a cessé de régner, lui et sa race. »

«Nous sommes arrivés ici à travers des flots de
» sang , disait M. Pelou ; nous y avons trouvé la légi-
» timité noyée. »

Puis M. Villemain , un grand professeur d'éloquence du tems de la légitimité , s'écriait comme
en pleine Sorbonne : «La puissance publique a été
» brisée sur la place par les foudres populaires. »

Et ainsi pour tous ces faiseurs de droit , il n'y
avait pas de droit ; il était noyé , il était brisé. La
légitimité pouvait donc cesser d'être ! Chose un peu
bizarre et inexplicable toutefois , si on la considère
dans la généralité du droit ; car si la légitimité est
l'équité , comment l'équité peut-elle être détruite ou
noyée ?

Mais l'homme souverain de lui-même fait l'équité ;
il fait la légitimité et il fait le droit. Et aussi , au milieu de ces professions de doctrines de souveraineté
individuelle , en détrônant un roi , on en faisait un
autre. «Disposons de la couronne, » s'écriait M. Alis-
son Duperron. Et celui-ci était conséquent. Il est
facile de disposer de la couronne , dès qu'on a pu
disposer du droit et de l'équité ; et puisqu'on avait
trouvé en soi le droit de déclarer que la légitimité

était noyée, il était simple d'y trouver celle de remettre le sceptre à un *citoyen* qui aurait le courage
de l'accepter (1).

Voilà donc à quoi avaient abouti tant d'efforts
tentés par les adorateurs du pouvoir *divin* des rois,
pour les affranchir de la souveraineté du pouvoir
spirituel de l'Église ! à soumettre la royauté à la
souveraineté des opinions individuelles de tous les
sujets. Étrange liberté conquise par les trônes ! C'est
bien là que la légitimité s'était noyée; et si le
meurtre des citoyens par les citoyens fut à la fin un
désastre lamentable, ce ne fut pas ce malheur pourtant qui tua la royauté : elle était morte auparavant,
elle était morte du jour où l'on avait appris aux
peuples qu'ils étaient seuls juges de leur soumission.

Pour qu'on sût mieux au reste que c'était bien au
nom de la souveraineté de la raison privée que se
faisait cette grande transmission du pouvoir suprême à un autre roi, ceux-là même qui s'affligeaient
de ce changement comme d'une usurpation n'eurent

(1) «Nous avons sur le trône un citoyen, » etc. *M. B.
Constant*, séance du 27 août.

pas d'autre raison à lui opposer, si ce n'est que dans leur conscience, c'est-à-dire dans leur opinion, ils ne se croyaient pas suffisamment autorisés à faire une royauté.

« Plus que tout autre, disait M. Arthur de la » Bourdonnaye, j'ai gémi de voir le *pacte social* » brisé; mais ce n'est pas une raison pour en fouler » aujourd'hui les débris aux pieds. Si ce pacte doit » être réformé, modifié, ce ne peut être que par les » trois pouvoirs réunis. »

C'étaient là des mots sans valeur. On pouvait répondre à l'orateur que s'il n'y avait qu'un *pacte* entre le roi et le peuple, et si ce pacte était *brisé*, il ne restait plus rien, et la société était au premier occupant. On pouvait ajouter que les trois pouvoirs n'existant qu'en vertu du pacte, dès que le pacte était brisé, les pouvoirs eux-mêmes n'avaient plus de vie. Mais le défaut de logique est ici peu important; il faut constater seulement un fait, c'est que l'orateur ne jugeait ainsi le pacte brisé qu'au nom de sa raison souveraine, et c'était sa raison souveraine encore qui lui disait que pour réformer ou modifier le pacte brisé, le pacte qui n'était plus, il fallait le concours des trois pouvoirs.

M. Pas de Beaulieu, un homme dont je prononce le nom avec respect, cédait à l'entraînement des mêmes pensées.

« *L'amour sacré de la patrie*, disait-il, devant
» lequel s'inclinent toutes mes affections, *me dit*
» *suffisamment* que le duc d'Orléans est capable
» plus que tout autre de rétablir l'ordre et de rendre
» la paix et le bonheur à la France ; mais, je le dé-
» clare, en lisant la proposition qui vous a été faite
» (de le faire roi) et le rapport qui vous a été pré-
» senté, j'ai interrogé ma conscience, et j'ai acquis
» la conviction que je n'avais pas reçu le mandat de
» prononcer sur cette question. Je m'abstiens. »

Honnête homme, il ne voyait pas qu'il faisait là le plus étonnant aveu qui puisse sortir d'une conscience naïve. Donc, s'il en avait reçu le mandat, il aurait cru avoir la puissance de détrôner une royauté et d'en rétablir une autre, c'est-à-dire de constituer à son gré une légitimité politique. Et cela même justifiait ceux qui ayant aussi interrogé leur conscience, c'est-à-dire leur raison privée, affirmaient qu'ils avaient ce droit, et l'exerçaient avec hardiesse, et il n'y avait d'autre différence entre ces deux opinions, si ce n'est que, se croyant également souverains, elles faisaient un différent usage de leur souveraineté.

Dans tout le cours des discussions que nous avons vues, la même observation a pu être faite. On a voté pour ou contre les résolutions les plus fondamentales en fait de droit social sans jamais s'élever plus haut que sa raison personnelle. Ainsi c'est toujours l'homme et l'homme seul qui s'est fait auteur du droit, et puisqu'il s'agit d'usurpation, voilà la grande usurpation de notre tems ; voilà le signe de nos révolutions modernes ; une seule fois on a entendu une voix éloquente et courageuse jeter le nom de Dieu au travers de ces tempêtes d'opinions individuelles. « Députés de mon pays, s'écriait M. de » Conny, c'est devant Dieu qui nous jugera, que, » me rappelant mes serments, je viens d'exprimer » la vérité tout entière. » Il venait en effet de faire une peinture désespérante des maux que l'usurpation pouvait verser sur la France. Mais, osons le dire à ce noble cœur, à ce vaillant défenseur d'une légitimité qui s'était abdiquée elle-même , cette invocation de *Dieu qui nous jugera* devait ne paraître à son tour que l'expression d'une pensée personnelle, pensée consolante pour celui qui en fait la force et le nerf de sa conduite, mais dont l'autorité allait mourir sur des opinions matérialistes ou des intelligences indépendantes.

Continuons d'interroger les faits de cette révolution plus dogmatique qu'on ne le pensait d'abord. Le vulgaire n'avait vu que les désastres des combats civils, les meurtres et les pillages qui appartiennent à toute société travaillée par des factions ; et voilà qu'il faut reconnaître dans ce bouleversement complet un certain ordre rationnel que d'avance les esprits prévoyants pouvaient indiquer, qu'ils ont indiqué en effet, et qui se manifeste comme déduction rigoureuse et logique de principes déposés depuis trois siècles dans l'esprit humain.

L'homme est roi ! voilà le résumé de cette révolution. Il avait essayé de l'être avant le tems ; il fut écrasé sous le poids de son sceptre. Aujourd'hui il régnera, le tems est venu ; mais qu'il ne se promette pas un règne paisible et doux : la liberté même qui le fait roi brise d'avance sa royauté. Il régnera sans sujets, et pour cela même il pourra régner sans fureur; mais il ne régnera pas sans alarmes ni sans ce funeste cortége de troubles et d'angoisses qui accompagnent toute royauté illégitime et désordonnée.

CHAPITRE V.

(Suite du précédent).

DES SERMENTS ET DES PROTESTATIONS.

C'était dans les tems de foi quelque chose d'imposant que la solennité d'un serment politique. Dieu même présidait à ce grand acte; c'est lui qui était témoin suprême de l'équité des droits qu'on reconnaissait, et lui encore qui était invoqué comme vengeur du parjure qui pourrait s'ensuivre. Voilà bien le serment véritable, le seul qui engage l'homme, et l'enchaîne d'un lien de fer qu'aucune puissance humaine ne peut plus rompre. Mais sans cette présence de Dieu, sans cette invocation de sa puis-

sance, sans cet acte de foi public, sans cette profession de soumission à sa souveraineté redoutable,
comment entendre un serment de fidélité? Si le
pouvoir auquel on se soumet est né de la force,
le serment de lui obéir que peut-il être si ce
n'est la simple reconnaissance d'un fait matériel
contre lequel on déclare ne pouvoir rien? Et si le
pouvoir est par hasard conforme à certaines lois
d'ordre extérieur, qu'est-ce encore que le serment
si ce n'est un engagement purement humain de lui
obéir, tant qu'on le jugera fidèle aux conditions qui
le produisent? Mais il n'y a là évidemment aucune
obligation pour la conscience, puisqu'après tout la
conscience reste juge des circonstances qui peuvent
rompre le lien du serment. La souveraineté de
l'homme reste entière. Il jure; mais par lui-même;
c'est le grand serment de Jupiter. Après quoi c'est
par lui-même encore qu'il se dégage de sa promesse;
appeler cela un serment, c'est à la fois profaner un
grand acte religieux, et méconnoître la valeur des
termes. Il n'y a de serment qu'aux pieds des autels.
Tout serment humain, produit loin de la présence
de Dieu, est un acte de souveraineté et d'indépen-

dance de l'homme; et tel est le caractère, il faut le dire, des serments politiques qui ont été si souvent renouvelés dans nos tems modernes; et même il semble que Dieu n'ait permis cette multitude infinie de serments prêtés à des pouvoirs contraires, qu'afin que cette variété même attestât au monde que Dieu n'y avait pas mis son sceau, et qu'ils portaient seulement l'empreinte de l'ambition ou de la lâcheté humaine.

C'est encore là que devait aboutir la société en échappant à la souveraineté de Dieu ou du pouvoir spirituel; il ne devait plus même lui rester cette dernière garantie de la foi des serments, qui est le seul lien des États et la seule force des Empires. Le serment devait finir par n'être plus qu'une formalité misérable entre l'homme et l'homme, un engagement chimérique, un lien passager, et dès lors les contrats perdaient leur autorité; aucune sanction n'était donnée aux promesses; chacun gardait la liberté de s'affranchir des obligations, et ainsi le désordre le plus monstrueux s'établissait par la facilité égale de faire un serment et de faire un parjure, en présence d'une société qui n'appelait plus la Divinité comme juge suprême des engagements et de la violation des pactes.

Et dans cet état de choses, je demande toujours ce qu'on fait du droit, ce qu'on fait de la légitimité, ce qu'on fait de l'équité. C'est l'homme seul qui s'établit maître des devoirs, et prenez garde que dans cet exercice de la souveraineté, il va par sa volonté seule briser les pouvoirs, changer les constitutions, disposer des trônes et de la liberté, et puis, par une dernière dérision, il jurera d'être fidèle à ce qu'il a fait, ne voyant pas que sa souveraineté même lui donne le droit de le défaire à son gré. Voyez donc où va la raison abandonnée à elle-même ! Elle ne voulait pas qu'il y eût sur la terre un pouvoir quelconque ayant droit d'avertir les peuples des circonstances où ils ne doivent point obéissance aux princes ; et voilà qu'elle donne ce droit à tous les sujets sans exception, au nom de la souveraineté individuelle. La royauté saura donc à présent ce qu'elle a gagné à s'affranchir de l'autorité de l'Église. La voilà tombée devant la *conscience* de chaque homme, et le serment de lui obéir n'est plus qu'une promesse trompeuse que chaque volonté va briser au premier jour, et pour un futile prétexte de changement.

Il importe de faire voir que les serments que nous avons entendu prêter à la royauté nouvelle portent en effet ce caractère d'indépendance souveraine de l'homme, et par conséquent ne sauraient être pour personne un gage de soumission et de durée.

Entrons encore dans cette chambre des députés qui fait le droit, qui fait l'équité. Voici ce que nous allons entendre.

M. le vicomte d'Abancourt. « Le cœur nâvré des malheurs d'une famille que j'ai toujours fidèlement servie, mais *convaincu* que le pacte qui nous liait a été violemment rompu le 25 juillet, et le jour où un ministre, repoussant les paroles de paix, a osé ordonner, au nom de son maître, de continuer l'effusion du sang français, je ne vois plus que mes devoirs envers mon pays, et je jure sans restriction et sans réserve et plein d'espérance dans le prince que la nation s'est choisi, d'être fidèle au roi, etc. »

— Voilà donc un serment ! mais, M. le vicomte, vous en aviez fait un autre semblable à un autre roi, et vous vous en déclarez affranchi, parce que

vous êtes convaincu que vous en êtes affranchi.
C'est là en vérité une très-faible raison ; ou bien il
faut convenir que votre conviction est la loi suprême
en fait d'obéissance. Le pensez-vous, M. le vicomte?
Vous parlez de l'effusion du sang français ! C'est là
une affreuse calamité, qui ne le sait? Mais si d'une
part vous accusez le ministre de l'avoir ordonnée,
comment entendez-vous que le crime du ministre
vous dispense de l'obéissance au roi? Je suis *convaincu*, moi, que si vous avez prêté devant Dieu
serment de fidélité à Charles X, il n'y a pas de
pacte violé qui vous en dispense ; ou bien encore, si
vous en prêtez un autre au nom d'un pacte à Philippe Ier, il n'y a pas sur la terre de puissance qui
empêche votre raison souveraine de le violer à votre
gré. L'infini est entre ces deux opinions, je le sais ;
c'est que d'un côté je suis *convaincu* que Dieu seul
peut vous délier d'un serment, et que de l'autre
vous êtes *convaincu* que vous pouvez vous en délier
vous-même. Mais qu'importe votre conviction, et
qu'importe la mienne ! Ce qui importe, c'est le
devoir de la conscience, et ce n'est pas vous qui

le faites, et ce n'est pas vous non plus qui le détruirez.

M. Agier. « Comme en violant des serments »sacrés, on m'a délié des miens, je prête sans res-»triction le serment qu'on vient de lire. »

—Ah ! M. Agier, que dites-vous? vous êtes magistrat, et vous livrez ainsi le serment à la volonté de l'homme? Mais le parjure d'autrui ne vous autorise pas au parjure. Et puis, qui est-ce qui vous fait juge? D'où vous vient cette suprême puissance de lier et de délier? Vous êtes plus qu'un roi; car la puissance d'un roi vient mourir devant la conscience d'un sujet, et vous êtes à la fois le maître et le juge de la vôtre et de celle d'un roi.

M. Becquey. « Tout le monde connaît mon dé-»vouement à la légitimité; je fais donc en ce mo-»ment le plus grand sacrifice que je puisse offrir aux »intérêts et au repos de mon pays. Je le jure. »

— Vous avez raison, M. Becquey. Violer un serment par attachement à l'ordre, c'est assurément le plus grand sacrifice que vous puissiez faire, et la patrie ou le pays vous en saura gré sans doute. Mais n'êtes-vous pas souverain aussi? N'êtes-vous

pas juge de l'équité et du droit, comme M. Agier ?
Alors qu'est-ce que jurer si ce n'est vous engager à
rester fidèle, tant que les intérêts et le repos du
pays vous le permettent ? Dans des tems comme
les nôtres ces serments n'obligent pas à grand chose;
car les intérêts changent souvent, et la conscience
doit se tenir prête à changer aussi.

M. de Berbis. « *Salus populi suprema lex esto.*
» C'est parce que le salut de la patrie est la loi su-
» prême pour moi; dans l'intérêt de mon pays et
» pour ce seul motif, je jure. »

— Voici certes un orateur qui a de la probité dans
les opinions; mais voyez, inflexible ami du peuple,
où vous allez à votre tour avec votre maxime. C'est
vous qui êtes juge du salut de la patrie; c'est vous
qui, dans votre raison suprême, reconnaissez que
votre serment peut tout sauver, et c'est vous qui
pour cette conviction seule vous croyez le droit de
violer un autre serment. Vous frémiriez peut-être
si l'on vous parlait d'attribuer tant de puissance à
un autre que vous, fût-il roi, fût-il pontife, Dieu
même l'eût-il chargé de peser les droits et de régler les devoirs.

M. de Montozon. « Je crois devoir à ma con
» science et à mes commettants, de déclarer que j'ai
» toujours considéré et considérerai toujours le prin-
» cipe de la légitimité comme une des principales
» garanties du repos et de la stabilité des Empires ;
» mais je déclare en même temps que , dans la cir-
» constance de la violation manifeste de la Charte
» et de la résistance légitime qui en était résultée,
» les mesures adoptées par la Chambre , à l'effet de
» pourvoir à la vacance du trône, étaient les seules
» qui pussent soustraire la France à l'anarchie, à la
» guerre civile, et probablement à la guerre étran-
» gère. Je crois donc qu'il est du devoir de tout bon
» Français de prêter serment au roi Philippe Ier et à
» la Charte constitutionnelle. Je le jure. »

— Grand merci de votre déclaration pour la légitimité! vos commettants en seront touchés. Il est
bon toutefois de savoir que vous respectez la *légi-*
timité comme garantie de repos pour les Empires ,
mais que cela ne vous empêche pas au besoin de
renverser la légitimité. C'est que votre raison suprême est une légitimité bien supérieure à toute
autre ; puis vous respectez la légitimité , tant que

vous n'avez pas l'occasion de déclarer la vacance d'un trône ; en un mot, vous faites la légitimité, et cela est heureux, dans un siècle où il n'y en a plus.

M. Petou. « La légitimité ayant par ses actes du » 25 juillet dernier violé ses serments, je me trouve » entièrement dégagé de mes serments envers elle ; » *en conséquence*, je jure fidélité au roi Louis- » Philippe Ier. »

— Cela est fier, M. Petou. Vous traitez de puissance à puissance. La légitimité a violé ses serments *envers vous*, et vous violez vos serments envers elle. Vous avez au moins le bon esprit de proclamer votre droit. Le droit de violer un serment ! Cela pourtant paraît bien au-dessus du droit ; j'aime mieux croire que vous n'aviez pas fait de serment, M. Petou, mais que vous aviez seulement promis d'être fidèle, tant qu'il plairait à votre fidélité.

M. de Saint-Cricq. « J'ai gardé mes serments. » Ceux sur la foi desquels vivait mon pays ont été » violés à la face du monde. Je suis délié devant Dieu » et devant les hommes. »

— C'en est trop ; voici la témérité qui franchit

toutes les bornes. L'infidélité invoque le nom de Dieu. Et qui vous a dit que vous êtes délié devant Dieu ? Avez-vous reçu dans votre raison quelque illumination soudaine de sa pensée ? êtes-vous monté dans les hauteurs infinies de ses mystères ? Vous êtes délié devant Dieu ? Et quelle puissance a fait ce prodige ? Qui vous a donné cette superbe assurance ? Vient-elle de vous seulement ? Vous êtes donc plus qu'un homme, vous qui faites le droit et le renversez, vous qui parlez au nom de Dieu, vous qui commandez à la conscience, vous qui brisez les liens du devoir ! Ne passons pas outre, car la raison, à force de se faire indépendante, arrive jusqu'au délire, et c'est aussi un spectacle trop intolérable à la vue, que celui de tant d'orgueil mêlé de tant d'ignorance.

Tel a donc été le caractère des serments prêtés à la royauté nouvelle, un caractère de souveraineté personnelle, qui fait le droit et le change à volonté; et si la plupart des députés ont fait leur serment sans commentaires, les paroles de ceux qui se sont expliqués suffisent pour l'interprétation des pensées de ceux qui ont gardé le silence.

Puis les protestations sont venues, et toujours, chose singulière ! c'est la raison individuelle qui s'oppose à la raison individuelle, et jamais on ne monte à une raison supérieure, et ainsi l'on saura bien aujourd'hui que la résistance et la soumission viennent uniquement de l'homme et de l'homme seul, c'est-à-dire, que l'anarchie intellectuelle est le seul droit de la société présente, et le seul fondement des constitutions politiques.

Laissons tous ces discours; car, après tout, il en coûte de faire voir à des hommes respectables, au moment même où ils donnent un exemple de générosité et de courage, que le principe de leur conduite est le même que celui des hommes qui se précipitent vers la servitude, et qu'étant seulement plus hardiment inspirés, ils n'ont pourtant aucune règle suprême et publiquement avouée qui les assure qu'ils sont à l'abri de l'erreur.

Deux protestations seulement méritent ici d'être remarquées, comme expression d'une pensée logique, chose rare dans un tems où les hommes ont été trop amollis pour avoir le courage d'être conséquents. Voici la première; suivons le récit du Journal des Débats.

« *M. de Corcelles.* Je le jure, sauf l'approbation de la nation française , qui me paraît indispensable. (Violens murmures.) J'en attends la manifestation aux premières élections.

Voix des deux centres. Les électeurs n'ont point de pouvoirs pour approuver. (Bruit.)

M. de Corcelles. Je répète que l'approbation de la nation française me paraît indispensable , et que cette manifestation se fera sans doute aux prochaines élections; en attendant, je le jure.

M. Durand (de la Moselle). Prêtez le serment pur et simple , ou bien dites que vous protestez.

M. le Président. M. de Corcelles , je le crois , n'entend point protester (autres voix : Non ! non !) M. de Corcelles a exprimé sa pensée personnelle : entend-il consciencieusement prêter le serment tel qu'il est présenté ?

M. de Corcelles. J'entends prêter le serment consciencieusement. Mais s'il arrivait que la nation française.... (Rires et murmures).

Voix du centre droit : Vous faites donc une restriction.

M. le Président. Il est donné acte du serment. (Réclamations nombreuses au centre droit).

M. de Berbis. Nous ne pouvons admettre le serment tel qu'il a été prêté avec des restrictions.

Voix de la gauche : Ce n'est pas une restriction, c'est un dire.

M. le Président. C'est sauf un événement futur, qui n'est pas probable.

Plusieurs voix de la gauche : c'est fini, c'est consommé.

M. Mestadier. Ce n'est qu'un serment provisoire.

M. le président. J'ai expliqué la pensée de M. de Corcelles, et il n'a pas contesté l'explication que j'ai donnée. J'ai annoncé que M. de Corcelles donnait son adhésion franche et loyale au serment. M. de Corcelles n'a pas dit non; il n'y a donc pas de réserve.

Plusieurs membres (à M. de Corcelles). Dites donc oui !

M. Martin Laffitte. A la manière dont M. de Corcelles s'est exprimé la première fois, la chambre pouvait ne pas recevoir son serment; mais il résulte de ses explications nouvelles qn'il l'a prêté sans restriction.

M. Jacquinot-Pampelune. Prête t-il le serment pur et simple ?

M. le président. Je prie M. de Corcelles de déclarer sa véritable intention....... Mais au surplus, je le vois occupé en ce moment à motiver par écrit son opinion; nous allons continuer l'appel nominal, il aura ensuite la parole. »

Et l'appel nominal continue en effet, et puis, après un grand effort d'intelligence et de recherches pour ne pas choquer ces raisons individuelles et également souveraines de la chambre, M. de Corcelles monte à la tribune, et lit cette formule, espèce de transaction avec la susceptibilité ignorante des interrupteurs. « Convaincu que le consentement » de la nation française est indispensable à la vali- » dité de notre déclaration du 7 août, je fais des vœux » pour qu'il soit manifesté dans le plus prochain dé- » lai. Je le jure ! » Et alors silence complet; les souverainetés sont satisfaites.

Certes, si je faisais un livre de polémique, je

pourrais demander si la chambre aurait été également disposée à s'accommoder des restrictions d'un député catholique qui aurait juré aussi, sauf l'approbation du seul pouvoir spirituel à qui il ait été donné sur la terre de lier et de délier les consciences. Quel tumulte et quel scandale, juste ciel ! Et pourtant les deux serments eussent été analogues et conséquents, l'un attendant la ratification de la souveraineté de Dieu, et l'autre celle de la souveraineté du peuple, et tout milieu étant impossible entre ces deux extrémités opposées, à moins qu'on n'attribue au caractère de député *cette sainteté inhérente, ce pouvoir divin*, cette infaillibilité, en un mot, que personne aujourd'hui ne serait tenté d'attribuer à la royauté.

Mais ce qu'il suffit ici d'observer, c'est que le vœu de M. de Corcelles était fondé en logique, et que tout homme qui fait de la liberté avec de la force, doit aller à cette conséquence, sous peine de s'arrêter au despotisme du grand ou du petit nombre, le pire de tous les despotismes.

Aussi M. Cormenin, un esprit plus grave et plus éclairé que M. de Corcelles (excusez-moi,

M. de Corcelles) , arriva bientôt avec une protestation semblable , mais plus conséquente encore ,
car c'était une démission.

« Je n'ai pas reçu du peuple , disait-il , un man-
» dat constituant , et je n'ai pas encore sa ratification.
» Placé entre ces deux extrémités , je suis absolu-
» ment sans pouvoir pour faire un roi , une charte ,
» un serment. Je prie la chambre d'agréer ma dé-
» mission. Puisse ma patrie être toujours glorieuse et
» libre ! »

M. de Cormenin allait enfin jusqu'au bout de la
doctrine ; les autres s'étaient arrêtés dans la route.
Ainsi la ratification du peuple était nécessaire pour
faire des constitutions et des serments. C'était peu
de la souveraineté individuelle pour s'affranchir des
liens existants ; il fallait la souveraineté du peuple
en masse , c'est-à-dire , la raison individuelle portée
à sa suprême puissance , et avec cette condition tout
pouvait être fait , un serment, une charte , un roi,
dites aussi la légitimité, l'équité, le droit, le devoir,
la morale , enfin tout ce qui oblige la conscience ,
tout ce qui lie les hommes, tout ce qui constitue
l'humanité.

Ceci est extrême sans doute, mais pourtant est rationnel. Et qu'est-ce à dire au reste ? Plus un esprit conséquent cherche hors de lui la force portée au plus haut degré pour se donner le droit de faire ou de rompre un serment, plus il atteste par là même que l'homme n'a pas en lui cette puissance. Non, il ne lui est pas donné de se lier et de se délier lui-même. Il peut bien, comme M. de Saint-Cricq, déclarer témérairement qu'il est délié devant Dieu et devant les hommes; mais tout ce qu'il fait alors, c'est de prendre Dieu même à témoin de son usurpation. Je ne sais ensuite comment M. de Cormenin se satisfait lui-même en recourant à la force pour ratifier et consacrer un acte qui par sa nature échappe à sa force et n'enchaîne que la conscience et la volonté. Mais au moins il n'y a pas eu cette erreur, ce caractère d'orgueil insultant, qui défie Dieu et les hommes, et peut-être est-il permis de prendre en pitié l'intelligence d'une assemblée qui s'arrête à la souveraineté de M. de Saint-Cricq, et voit là une raison suffisante de violer les serments humains.

Au surplus, souveraineté de l'homme ou souveraineté du peuple, tout est également impuissant à produire des droits quelconques , et nous allons voir ce que doit être une royauté qui ne remonte pas à une autre origine.

CHAPITRE VI.

DE LA ROYAUTÉ SELON LE PACTE SOCIAL.

Ayant à juger des actes de souveraineté personnelle, il n'eût servi de rien de reproduire l'histoire des événements par lesquels on arrivait à l'établissement définitif de cette souveraineté.

Quel en a été l'ensemble, en deux mots? Une chambre, née sous l'empire de la Charte, se jette au travers du désordre de la révolution pour le régler, et ce qu'elle commence à faire, c'est de détruire la Charte sans laquelle elle n'avait aucuns droits. Elle détruit la royauté, et à la vérité la royauté s'en allait fuyant au travers des mers et ne croyant pas même à son existence. Elle détruit la pairie en la déshonorant et la mutilant , et à la vérité la pairie se laisse ainsi frapper sans même proférer une plainte ; et elle court toute haletante vers le pouvoir nouveau. Puis la chambre ou plutôt une fraction de la chambre, toute fière d'avoir ainsi fait tomber à ses pieds ce qu'il y avait de plus grand dans la constitution , se met à faire une dynastie et lui apporte les conditions auxquelles elle va régner.

Les politiques pourront voir certes dans ces entreprises de la chambre une suffisante matière de réflexions ; c'est une poignée d'hommes, diront-ils, qui se sont ainsi substitués à tous les droits ; c'est une chambre qui a confisqué à son profit tous les pouvoirs ; c'est un corps qui a envahi tous les corps ; c'est une assemblée téméraire qui a absorbé en elle la constitution et l'État.

Qui est-ce qui lui avait donné ce droit exorbitant ? Qu'est devenu le droit antérieur de la nation ? La nation a-t-elle brisé le trône ? La nation est-elle représentée par la sédition ? et puis si le trône doit être brisé, qui est-ce qui est chargé de constituer une autorité nouvelle ? De quel droit une chambre impose-t-elle au peuple une royauté ? La chambre sait-elle si le peuple ne préfère pas l'empire ? s'il ne préfère pas la république ?

Voilà ce que diront les politiques. Pauvres politiques ! depuis six mille ans les histoires sont pleines de récits de révolutions , et ils ne savent pas encore que les affaires humaines sont ainsi conduites par un petit nombre d'hommes plus audacieux que les autres , et que ce qu'on appelle le peuple plie toujours devant la volonté , ou l'habileté , ou l'intrigue des plus prompts à s'emparer de la puissance. Habiles du siècle , cherchez donc vos majorités nationales ! au moment où vous les supputez déjà , le petit nombre est assis au pouvoir , et se rit de vos calculs de politique.

Ce ne sont donc pas de misérables illégalités qui doivent préoccuper l'attention du publiciste ; d'autres sujets de réflexions sont offerts à sa pensée. Il se demande ce que peut être une royauté ainsi née de la volonté des hommes , et déjà la manière dont on lui a prêté le serment de fidélité répond tristement à cette question.

À bien dire, une telle royauté est la dernière de toutes les servitudes. De tous les hommes de son empire Louis-Philippe est le seul qui ne jouisse point de cette souveraineté individuelle qui est aujourd'hui le droit de chacun ; il est roi pour être sujet de tous. Tous peuvent lui dire à chaque moment qu'ils ne reconnaissent plus sa puissance. C'est qu'à chaque moment chacun garde le droit de dire qu'il est blessé dans sa liberté, et que les lois n'étant pas ce qu'il veut qu'elles soient, il ne lui convient pas d'obéir à l'autorité qui les lui impose. C'est que le principe par lequel chacun s'est déclaré juge de son serment subsiste toujours, et que le serment n'a par conséquent de valeur, qu'autant qu'il plaît à la libre volonté de chaque conscience d'y rester soumis. Telle est la royauté qu'on nous a faite ; tel est le sceptre qui a été mis dans les mains du roi des Français. Royauté précaire ! sceptre de roseau ! Jamais la société humaine n'avait été abandonnée à une si chancelante autorité ; mais c'est là l'application des théories du pacte social ; tristes rêveries non seulement de ceux qui ne croient rien en fait de religion, mais encore et surtout de ceux qui ne savent rien en fait d'histoire.

Et comment entendre en effet le pouvoir s'il était ainsi le produit d'une convention entre les hommes? Le pouvoir d'après le pacte n'est pas le pouvoir; il est à peine l'ombre d'un être qui n'a nulle part de réalité. Quelle est l'intelligence qui conçoit que des hommes réunis entre eux, même pour délibérer gravement et constitutionnellement et sans tumulte, puissent par leur volonté constituer le droit de com-mander à d'autres hommes? Quoi! ma volonté sera contrainte d'obéir à la volonté d'autrui, tant qu'on ne me présente que la force pour motif de soumis-sion! Non! vous pouvez briser mon corps, mais vous ne ferez pas fléchir ma conscience, et je vous appellerai tyrans, parce que vous ne me dominez que par la force. La force est la seule chose qui sorte de la pure réunion des volontés. On dit qu'elle est moins odieuse lorsque c'est la majorité qui la déter-mine! et pourquoi? je vous prie. Pourquoi quinze millions de citoyens libres porteront-ils le joug de seize millions de citoyens qui leur sont égaux? Com-prend-on une si monstrueuse iniquité? Quand on monte aux pactes sociaux, il faut tout détruire; il n'y a plus de liberté ni de droit ni de justice, et tout ce que peuvent faire des majorités d'hommes, c'est de déléguer la force brute qui peut sortir de leur réunion, de la donner un jour à un roi à la condition de la lui ravir le lendemain, de faire ainsi une sorte de pouvoir, mais un pouvoir monstrueux où le droit n'entre pour rien et qui ne connaît d'autre devoir que celui d'obéir aux volontés capricieuses qui l'ont fait naître.

Et quand même la nullité des droits de la royauté telle qu'on l'a constituée avec la force, ne dériverait pas de la nature des choses, elle serait encore un fait résultant de la manière même dont elle s'est établie. On sait comment la chambre des députés déclara la vacance du trône en fait et en droit (1), et comment elle y jeta Philippe Ier, bien que par les lois antiques de la monarchie un roi restât à ce trône si étrangement abandonné. C'était donc cette chambre qui créait par sa volonté tout le droit du roi nouveau et aussi qui le modifiait par son caprice,

(1) Séance du 7 août.

de telle sorte qu'on dut bien savoir qu'aucun droit
ne lui était propre à lui-même.

Puis la chambre des pairs accourait de son côté
ne voulant jamais, à Dieu ne plaise ! paraître en arrière dans ce travail de révolution, où cependant elle
ne pouvait montrer qu'un zèle d'imitation triste à
voir pour quiconque a du sang dans le cœur ; et elle
disait au prince : « La chambre des pairs vient of-
» frir à Votre Altesse royale l'acte qui doit assurer
» nos destinées. » Et cet acte c'était simplement la
déclaration de la chambre des députés sur la vacance du trône. Grand effort de liberté ! magnifique
intervention d'une chambre de grands seigneurs
dans la destruction du vieux droit politique de la
monarchie ! Mais enfin elle ajoutait ces paroles au
prince qu'elle voulait aussi avoir l'air de faire roi :

« La chambre des pairs vient présenter à Votre
» Altesse royale l'acte qui doit assurer nos destinées.
» Vous avez autrefois défendu les armes à la main nos
» libertés encore nouvelles et inexpérimentées ; au-
» jourd'hui vous allez les consacrer par les institu-
» tions et les lois. Votre haute raison, vos penchants,
» le souvenir de votre vie entière, nous promettent un

» roi citoyen. Vous respecterez nos garanties, qui
» sont aussi les vôtres. Cette noble famille que nous
» voyons autour de vous élevée dans l'amour de la
» patrie, de la justice et de la vérité, assurera à nos
» enfants la paisible jouissance de cette Charte que
» vous allez jurer, et les bienfaits d'un gouverne-
» ment à la fois stable et libre. »

Et dans ce discours il n'y avait pas un mot,
comme on voit, qui laissât apercevoir l'image d'une
royauté réelle, d'une royauté vraiment protectrice
de la liberté, vraiment tutélaire, vraiment nationale, car le droit seul est national, le droit seul est
protecteur. Ici on choisissait un homme parce qu'il
avait une *haute raison*, mais la haute raison n'est
pas un droit, et puis la haute raison peut faillir, et
alors que devient la royauté ? On parlait aussi de
ses penchants et du souvenir de sa vie entière. Mais
est-ce donc ainsi que se constitue le droit du commandement parmi les hommes. Quoi ! la nation va
obéir à un prince parce que M. le baron Pasquier a
reconnu en lui des penchants honnêtes ; cela peut
être un titre pour arriver à un emploi, mais n'est
point la condition qui fait le droit du commande-

ment. Et la royauté en effet n'est plus qu'un emploi, on le confie au citoyen que le hasard jette à la rencontre de ceux qui cherchent un roi, mais aucun principe de droit, ni de justice, ni de liberté, n'empêchera que d'autres hommes, maîtres demain des affaires publiques, ne fassent aussi leur *épuration* politique, et ne confient à d'autres mains cet emploi suprême, ou même ne le suppriment par une économie plus digne d'un tems de réforme.

Et l'on ne peut douter au reste que Louis-Philippe n'ait ainsi lui-même entendu sa royauté. Il l'a reçue comme une délégation populaire, et par là il s'est dévoué à subir tout ce que la volonté qui l'a fait roi lui imposera de conditions nouvelles. Cela s'est appelé un pacte ! mais l'erreur est sensible. Un pacte suppose deux parties contractantes qui rapprochent et confondent leurs droits. Ici une seule autorité s'est montrée, l'autorité du peuple, autorité représentée par un mensonge, il n'importe, mais agissant comme si elle avait eu en soi la pleine puissance d'une souveraineté réelle. Le peuple seul est intervenu ; le peuple seul a fait un acte, et cet acte n'est point un contrat, par la raison que le peuple seul y a pris part. Puis il l'a imposé à celui qui voulait être roi et il lui a ordonné de jurer d'être fidèle aux conditions de sa royauté, et le roi a juré pour obéir au peuple.

« En présence de Dieu, je jure d'observer fidè-
» lement la charte constitutionnelle, avec les chan-
» gements et modifications exprimés dans la déclara-
» tion de la Chambre des députés, de ne gouverner
» que par les lois et selon les lois, de faire rendre
» bonne et exacte justice à chacun selon son droit,
» et d'agir en toutes choses dans les seules vues de
» l'intérêt, du bonheur et de la gloire du peuple
» français. »

Voilà donc la royauté nouvelle ! Elle jure d'observer une Charte qu'elle n'a pas faite. Donc elle jure d'obéir au peuple qui la lui impose ; et il faut bien en effet que la royauté obéisse à quelque chose ; car elle n'est pas souveraine, absolue, et, ne voulant plus promettre de régner selon les lois de Dieu, elle promet de régner selon les lois du peuple. Mais pourquoi ce nom de Dieu jeté en tête de tels serments, et quel Dieu invoque la royauté ? elle qui se place au milieu du peuple pour jurer d'être fidèle, comme au milieu de la seule puissance qui ait le droit de le contraindre à tenir ses serments? Est-ce ici le serment d'un chrétien? Le chrétien qui jure fait l'acte religieux le plus grave pour la conscience, et de peur de le profaner il accourt aux pieds des autels; là se font les grands serments de la vie, les vrais contrats de l'homme; là se jure la fidélité aux devoirs sacrés de la famille, devoirs qui font à la fois le premier lien de la société civile; là il y a un témoin redoutable pour la conscience qui se ment à elle-même, là il y a un gage d'honneur et de vertu, là le jurement a sa sainteté, là le nom de Dieu est imposant et solennel. Et que signifient d'ailleurs ces vaines professions de foi, et après tout de quoi s'agissait-il entre le roi et le peuple? d'une promesse et non point d'un serment. Ce n'est pas Dieu qu'il fallait prendre à témoin, c'est le peuple; le peuple est toujours là avec sa souveraineté inexorable pour juger si le roi observe fidèlement la Charte constitutionnelle qu'il lui a octroyée avec *changements* et *modifications*, s'il gouverne par les lois et selon les lois, s'il remplit enfin toutes les conditions de sa royauté déléguée. Et que faut-il de plus ? Voilà la seule autorité qui doive être mêlée à la politique telle qu'on la fait lorsqu'elle n'est plus subordonnée aux lois de la puissance spirituelle. Comme rien n'est fixe dans cette politique, le roi ne peut sans absurdité s'engager devant Dieu à tenir des devoirs que le peuple souverain peut changer chaque jour ; ce serment de fidélité dans une situation de choses où la fidélité même est impossible est une vaine superfluité. Et qui ne sait après tout que les serments ne sont ainsi prodigués que parce que le monde ne croit plus rien ; il faut que la royauté jure, parce que la royauté est la chose du monde à laquelle les hommes croient le moins. Triste abaissement de la royauté ; les tems qu'on appelle barbares ne l'avaient pas accoutumée à cette loi d'humiliation ; la royauté était soumise alors , mais elle était soumise à Dieu. Elle jurait aussi d'être fidèle , mais d'être fidèle aux lois de Dieu qui sont des lois d'ordre et d'équité , et elle ne se dé- vouait pas au caprice d'un maître impitoyable dans ses changements, et ne se livrait pas par le serment au joug d'une souveraineté aveugle et despotique.

Toutefois nous verrons des hommes courir vers

cette royauté ainsi abaissée et lui jeter l'adulation, comme pour montrer que tous les cœurs se sont abaissés dans une proportion égale, et c'est encore la chambre des pairs qui se précipitera avec cette dernière invention de flatterie :

« Vos fidèles sujets les pairs de France, encore pénétrés des grands événements qui viennent de s'accomplir, se présentent devant Votre Majesté pour la remercier de son dévoûment à la France. Une voix unanime proclame que votre avénement au trône pouvait seul assurer le bonheur public ; ces libertés si héroïquement défendues, c'est sous votre règne seulement que nous en pourrons jouir en paix. Être indispensable à un grand peuple, qui reconnaît librement et avec calme cette nécessité, quel titre royal fut jamais plus noble et plus vrai ! La Providence eut-elle jamais un langage plus manifeste ! »

Ainsi encore, à défaut de droit, on fait un droit ; ainsi voulant toujours fuir l'autorité de Dieu, on revient à elle ; mais avec quelle règle de conduite ! avec quelle dérision de la foi ! On appelle la Providence à témoin de la justice d'une cause, c'est-à-

dire, une certaine Providence façonnée au gré de
l'esprit de l'homme, une Providence bizarre en vérité, une sorte de fatalité semblable à celle des
barbares, une loi de nécessité, la dernière des lois
sans contredit, et c'est cette Providence qu'on fait
parler, dont on interprète la volonté, et qu'on fait
intervenir dans une question de souveraineté, celle
de toutes les questions qui demande la solution la
plus nette, et l'autorité la plus haute et la plus manifeste. Et que faites-vous, flatteurs, avec votre
Providence? Vous n'oseriez dire qu'il y a sur la
terre une puissance présente pour dire aux peuples
ce qu'ils doivent aux pouvoirs ainsi jetés par les
événements à la tête des sociétés; et vous-mêmes
vous créez une puissance semblable, mais une puissance aveugle et sans parole, pour vous autoriser
de ce que vous appelez son langage! Et ne pensez-
vous pas que chaque ambitieux qui triomphe n'ait
aussi sa Providence à faire parler? Et est-ce bien
ainsi que se manifeste le droit du commandement parmi les hommes? C'est là une suite bizarre
de contradictions en vérité! Pour arracher la royauté
à la puissance si formidable de l'Église, on l'a livrée

à la puissance si tutélaire du peuple, et voyez ce qu'elle est devenue! un jouet, un débris, une ombre de royauté! Puis comme elle a été exposée à passer de mains en mains suivant la haute volonté de celui qui la donne, les sages, les grands esprits, les politiques se sont réservé pour consolation de ce changement, de pouvoir invoquer une certaine nécessité des choses comme indice suffisant de cette variété des droits; et comme la nécessité des choses ne manque jamais à la pauvre raison humaine qui ne voit rien sans cela aux affaires de la vie, il s'ensuit qu'il n'y a plus d'autre droit qu'un droit de fatalité, un droit aveugle, barbare, absurde, auquel l'intelligence d'un Turc pouvait bien être pliée, mais qui est certes nouveau pour l'intelligence d'un chrétien. Triste abaissement de la royauté, encore une fois! mais aussi triste abaissement de la soumission! On nous fait esclaves, parce qu'on ne veut pas que nous soyons sujets. On nous brise sous les coups des destinées, parce qu'on ne veut pas que nous vivions sous la règle d'une autorité divine! Est-ce là le fruit de tant de nouveautés et de tant d'indépendance? Eh! bien, pourtant nous vivrons libres, car nous vivrons chrétiens. Humiliez vos pouvoirs, tant que vous voudrez; nous, nous agrandirons notre obéissance. Ce n'est point une vaine Providence qui est notre règle, à nous, serviteurs de la royauté éternelle; ce n'est pas la nécessité des événements qui est notre loi; nous cédons à d'autres autorités, et si nous respectons ces pouvoirs d'un jour que le cours des choses jette en passant sur la terre, c'est que nous restons soumis à ce pouvoir de tous les tems qui perpétue l'ordre et la vérité, au milieu des tempêtes et des changements, et qui par là même protége encore la frêle existence des royautés qui la redoutent, ou des usurpations qui la renient.

CHAPITRE VII.

DES CONSÉQUENCES DE LA RÉVOLUTION.

La révolution étant consommée, avec le caractère que nous venons d'étudier, il reste à considérer quelques-unes des conséquences qu'elle traîne après elle. Mais de quelles conséquences est-il question? Certes si l'on envisage ce subit ébranlement par rapport aux affaires courantes de la politique, on y verra une source féconde de grands mouvements dans l'Europe, de grandes intrigues dans les cabinets, de grandes bassesses dans les cours, de grandes agitations parmi les peuples. Allons, têtes politiques, rêvez des plans de campagne, faites des guerres, faites des négociations, faites des coalitions, soulevez les empires, armez le monde. Voici une belle occasion d'épuiser les conceptions de votre génie. Puis viendront les batailles et les dénombrements de morts et les récits de carnage. Grandes et belles images en vérité, sujet inépuisable de brillantes histoires et de contes plaisants à entendre pour l'oisiveté ! Mais est-ce bien tout exprès pour le contentement de ces sortes d'esprits que se font de telles révolutions, et n'avons-nous à voir dans ce grand bouleversement de tous les droits que ce qui va à l'avide curiosité des hommes seulement amis du bruit et de la nouveauté ?

Certes il y a dans la révolution présente quelque chose de plus haut à considérer, c'est ce qu'elle a de dogmatique, et ce que par conséquent elle jettera d'effets moraux dans le monde indépendamment des secousses qu'elle y produira.

Or ce qu'il y a de dogmatique dans la révolution, c'est son principe de liberté, principe mal entendu sans contredit par la plupart des hommes, mais qui ne peut manquer de se développer et de grandir parmi les nations, jusqu'à ce qu'il sorte d'une source aujourd'hui méconnue une force qui le règle et qui le féconde. Qu'on le sache bien, ce principe traversera les mers et les montagnes, il franchira les barrières, il renversera les digues, il triomphera des armées, il touche déjà à ces grands colosses d'empires où le droit divin s'était le mieux conservé. L'Autriche a beau faire, elle sentira ces ébranlements; déjà il fait tressaillir la Russie; la paisible Italie en est toute émue; l'Espagne avec ses vieilles mœurs peut à peine s'en garantir; l'Angleterre avec ses mœurs nouvelles en est sourdement travaillée; le monde ancien et le monde nouveau cèdent également à ses influences; la barbare Asie ne résiste pas à son action, et jusqu'aux déserts de l'Afrique semblent avoir été ouverts par un coup mystérieux de la Providence à son universelle domination.

Que ce principe de liberté soit donc établi dans le monde; dès lors tous les rapports des hommes sont changés, la société politique prend un nouveau caractère, les États perdent leur constitution, le pouvoir n'a plus de réalité, et la force seule commande.

Si Dieu permettait aux hommes d'être conséquents, cet état de choses serait un état perpétuel de guerre à mort; ce serait cette société des forêts

que les philosophes ont imaginée, où chaque homme
a sa liberté, c'est-à-dire, la liberté poussée jusqu'au
droit de la destruction et du meurtre. Mais il n'en
va pas ainsi : Dieu, bienveillant envers les hommes,
alors même qu'ils s'éloignent de lui, les enchaîne
malgré eux à un certain ordre public par ce sentiment de conservation, qui est le dernier intérêt de
l'être animal. Ainsi les peuples détachés de l'autorité
morale qui les protége, se réfugient par un mouvement de simple machine vers la force matérielle qui
les conserve : triste échange de protection, mais
qui suffit pour l'accomplissement des volontés de
la Providence. Il arrive alors que tout ce qui est
moral et religieux, c'est-à-dire, véritablement social,
se trouve séparé du pouvoir, lequel reste purement
matériel et armé d'une force aveugle, et dépouillé
de tout droit. Ainsi la société religieuse est à côté
de l'État, et l'État n'a d'action que sur des individus
isolés. Par là encore les lois de l'État restent étran-
gères à tous les intérêts moraux de la société, pour
ne régler que les intérêts positifs des particuliers.
Ce qu'on appelle l'ordre public n'est plus qu'une
discipline extérieure, et trop heureux encore les

peuples lorsque cette police légale suffit à compri-
mer les bouillonnements d'une populace toujours
avide de mettre en pratique une liberté qui n'a plus
de règle par le pillage et la sédition.

Tel est désormais l'état de la France ; son gouvernement improvisé dans le désordre a été comme un
dernier asile contre la mort : un drapeau a été levé
autour duquel se sont réunis les hommes pressés du
besoin d'échapper à la destruction. Philippe Ier est
roi comme il eût été président d'une république ; il
est roi comme l'eût été le fils de Bonaparte, ou le
dernier colonel de l'armée qui eût offert en lui les
conditions d'échapper à l'anarchie. On pourra bien
dire que ce gouvernement, ainsi produit par un
instinct de conservation, n'est capable de rien enfanter qui ne se ressente de la fragilité de cette origine. Il sera suppliant pour le désordre, car le désordre est son père ; il se mêlera aux orgies de la sédition, car la sédition l'a porté sur le pavois. Mais
une conséquence plus digne d'être remarquée, c'est
qu'un tel gouvernement ne pourra rien produire
qu'au nom de la force, et tout ainsi sera populaire,
et aucun principe de droit ne sera conservé dans la

(119)

législation, par la seule raison que la force est sans droit, et que si les hommes le subissent comme une nécessité, il ne lui est pas pour cela donné de se constituer comme un principe d'ordre.

Aussi s'est-on hâté par un certain esprit de conséquence de rechercher dans la législation tout ce qui pourrait attester un principe d'ordre supérieur à celui de la force, et de l'en arracher comme une choquante contradiction avec la nature même des choses présentes. Tel est le principe de la peine de mort contre lequel il a fallu précipitamment protester. Qu'était-ce donc que ce brusque mouvement de logique qui peut-être a déconcerté d'honnêtes consciences ? Une révolution, faite au nom de la souveraineté du peuple, venait, à la face du monde, proclamer qu'elle n'a pas le droit d'ôter la vie à un homme : n'est-ce donc pas là un singulier spectacle ? Certes il ne fallait pas laisser tomber ce solennel aveu comme une question vulgaire de politique. Et qui ne voit que le libéralisme se mettait par là hors de tous les droits ? Et en effet tant qu'il n'y a que de la force dans la société, le droit de punir n'existe plus ; il y a seulement le pouvoir d'écraser. C'est donc

comme un cri de conscience de la révolution, que
cette protestation précipitée contre la peine de mort.
Elle déclare qu'elle n'a en elle aucun droit de venger
la société mise en péril soit par les crimes publics,
soit par les crimes privés. Elle reconnaît que le
droit de punir ne vient pas de l'homme; et comme
dans tous les tems et dans tous les pays il y a eu
cependant des punitions exercées, même par le sacrifice de la vie, elle se met elle-même hors du bon
sens, hors des croyances, hors des lois de l'universalité des peuples.

Il faut l'avouer, il y a dans cette position volon-
taire de la révolution quelque chose d'accablant
pour elle, et pourtant quiconque réfléchira sur une
telle condition verra qu'elle découle de la nature
même des choses.

En effet, jamais on n'a conçu que la peine de mort
pût être instituée par un pouvoir purement humain; car un tel pouvoir n'a pas de droit sur la vie
d'un homme, quel qu'il soit. Et c'est pourquoi les
philosophes considèrent le dernier supplice, c'est-
à-dire, cette action légitime de tuer, comme un des
droits les plus inexplicables et les plus mystérieux.

De là cette magnifique dissertation de M. de Maistre sur le bourreau, expression admirable d'une doctrine que les hommes de ce tems-ci n'ont pas comprise ou ont défigurée, s'imaginant que ce grand publiciste fondait toute la société sur l'échafaud, et ne voyant pas qu'il disait au contraire que l'échafaud est quelque chose d'effroyable et de contraire à toutes les idées d'équité naturelle et de droit individuel, tant qu'il n'y a pas au-dessus du pouvoir humain un pouvoir souverain, ayant droit de commander le sacrifice de l'homme pour le salut de toute la société.

Or la révolution n'admettant pas, du moins politiquement, ce pouvoir supérieur à tous les pouvoirs, est conséquente avec elle-même lorsqu'elle demande l'abolition de la peine de mort, de ce droit extrême, de cette justice formidable qu'il ne dépend pas de l'homme seul d'instituer, à moins que ce ne soit par la violence qui est elle-même la destruction de tous les droits.

Et par là même on voit que ceux qui se sont opposés à la tribune à cette abolition, sont tombés dans une erreur étrange par l'oubli même du principe nouveau qui préside désormais à l'ordre matériel de la société. Ce principe, c'est la souveraineté du peuple. On ne peut plus nier ce fait; il nous domine, il nous presse de toutes parts. Dire donc à un gouvernement fondé sur ce fait qu'il doit maintenir la peine de mort, c'est avouer que la peine de mort peut être instituée au nom de la souveraineté du peuple; et c'est là un renversement de toutes les notions de droit. La force peut donner la mort, qui en doute? Mais ce n'est pas une raison de dire dans la loi que la force est un motif suffisant de la donner, et ce serait le déclarer dogmatiquement que de conserver dans une législation faite et imposée par le nombre, qui en dernière analyse n'est aussi que la force, le principe du dernier supplice.

Je sais bien qu'on est frappé du terrible effet produit sur les malfaiteurs par la suppression de la peine de mort; mais cela ne change rien au droit ni à la vérité. D'ailleurs c'est à ceux qui se sont rendus maîtres de la société à trouver dans le principe de souveraineté qui les a jetés au pouvoir une suffisante protection contre les crimes. Ceux qui admettent une autre règle de commandement que celle de la force ne sont pas obligés de leur apporter le secours de leurs doctrines , qui d'ailleurs ne se plient pas avec cette facilité aux vues et aux intérêts de la politique matérialiste. Dans leurs principes , c'est Dieu seul qui a autorité sur l'homme, et Dieu seul peut transmettre son droit. Dès qu'il s'établit un ordre de choses placé hors de la loi de Dieu, c'est-à-dire, dès qu'il ne reste que la force pour commander , le droit de Dieu n'a plus rien de commun avec cette espèce d'athéisme. Il ne faut donc plus offrir à un tel pouvoir le secours des notions morales; il n'en veut point. Il ne faut donc plus lui montrer les exemples et les histoires des peuples; il les foule aux pieds. Il faut l'abandonner à ses propres pensées; bien plus il faut même l'aider à tirer les conséquences du principe qui l'a produit , et au lieu de se jeter à ses pieds en lui demandant des fers et des supplices , lui démontrer que les fers et les supplices sont contradictoires avec la loi de souveraineté du peuple ; et puis vienne la perversité des malfaiteurs menacer de tout troubler dans la nation ! Cela même n'est pas une raison suffisante d'admettre un droit qui n'est pas un droit, de proclamer comme vérité ce qui n'est qu'une atteinte à la vérité.

Un autre principe que la révolution devait également se hâter de retrancher des lois, c'est celui qui, sous le nom de sacrilége, laissait entendre que Dieu était pour quelque chose dans la constitution publique de la société. Ah ! certes, sous ce rapport la révolution n'avait rien à reprocher aux législateurs. Quelle loi, je le demande, que cette loi où l'État, confondant toutes les croyances, flétrissait de la même peine et du même nom l'outrage fait à des cultes divers, la violation de deux croyances contraires, comme pour mieux attester qu'il n'avait ni culte ni croyance ! Loi d'absurdité et d'athéisme contre laquelle les politiques vulgaires ont pu soulever leur colère à cause de ce qu'elle avait d'excessif dans les punitions, mais contre laquelle devait bien aussi s'enflammer le courroux à cause de ce qu'elle avait d'insultant dans son indifférence. Mais enfin son nom seul devait être banni des lois de la révolution, et la révolution a été conséquente en le repoussant tout d'abord, quelle que fût la loi, fût-elle absurde, fût-elle impie ; car ce qu'il faut à la révolution, c'est de ne point paraître prononcer le nom de Dieu : *la révolution est athée, et doit l'être.* Si elle n'était pas athée, elle ne serait plus la révolution; elle ne serait plus la force, elle ne serait plus le produit de la souveraineté du peuple; elle serait l'ordre, elle serait l'établissement naturel de la société.

Ainsi tout ce que fera la révolution pour ne laisser subsister que la force brute, sera conséquent, sera rationnel. Par là la société véritable, celle qui se fonde par la communauté des croyances et des devoirs, la société religieuse, en un mot, sera constituée hors du pouvoir. Plus on tendra à cette séparation, plus on arrivera à l'espèce de perfection qui peut convenir à une organisation politique, comme celle que nous voyons. Et c'est encore une conséquence de la révolution de favoriser ce mouvement; placée naturellement hors des intérêts moraux de l'humanité, elle doit se constituer seulement avec les choses matérielles de la vie. Elle ne gouvernera pas, à Dieu ne plaise! mais elle administrera. Elle administrera les routes et les canaux; elle administrera les constructions publiques; elle

administrera l'argent, les places, le trésor, la bourse,
l'impôt; n'est-ce pas assez, grand Dieu! Il y a là
de quoi occuper tous les hommes d'affaires d'un
grand empire. Mais la morale, mais la religion,
mais l'enseignement, mais l'Eglise, mais la conscience, mais la foi; que lui font, ces grands intérêts de l'homme? Si elle les touche, elle les perd,
et elle se perd elle-même; qu'elle le sache bien.
La liberté est le principe de la révolution, et par
là même elle devient le droit commun des citoyens;
et si la liberté n'était pas le principe de la révolution, elle en serait encore la conséquence, et à l'un
ou l'autre de ces titres il nous appartient de la revendiquer avec ce courage que donne la conscience
et devant lequel reculera à la fin toute usurpation.

CHAPITRE VIII.

DES CONTRADICTIONS DE LA RÉVOLUTION.

Déjà pourtant la révolution s'effarouche des con-séquences qu'il est en elle de produire. Car étant devenue *pouvoir*, elle a pris subitement toutes les habitudes que le pouvoir inspire. Triste penchant de l'humanité à monter à la domination, alors même qu'elle paraît aboutir aux excès de la liberté ! C'est un mélange de contradictions, où perce toujours l'égoïsme, et ainsi l'on apprend peut-être à appro-fondir le secret de ce zèle ardent de démocratie qui voile la cupidité et le despotisme. Faut-il parcourir tous les exemples que la révolution maîtresse nous a prodigués?

C'est une première contradiction sans doute de n'oser point laisser la religion dans sa liberté. Et quel début que celui où l'on a vu la chambre se croire obligée d'affirmer que la religion catholique est la religion de la majorité, pour se faire pardonner peut-être d'accorder un traitement public à ses ministres ! Et que vous importe qu'elle soit la religion de la majorité ou de la minorité? Cela change-t-il son droit, et n'est-ce là que son titre à vos aumônes? Eh ! laissez-lui le nombre quel qu'il soit de ses fidèles, et jetez à d'autres votre protection.

Et qui ne voit que ceci nous pousse à des contradictions nouvelles? C'est une contradiction encore pour cette révolution de liberté de se croire le droit de demander, que dis-je? d'imposer des prières à l'Église. Et que vous font les prières publiques, si vous êtes dans un principe forcé d'athéisme? Si vous êtes catholique, allez vous mêler aux fidèles; là les prières sont communes, et l'Église ne vous demandera pas quel est votre rang dans la révolution, si vous êtes roi ou si vous êtes sujet. Dès que l'État est sans religion, son devoir est de laisser les religions libres, et il serait monstrueux qu'il se prît à en choisir une pour lui demander de préférence de participer à sa politique par ses vœux publics et ses supplications officielles. Laissez faire la religion, elle sait pour qui elle prie et pour qui elle doit prier.

Et vous, politiques matérialistes, qui ne vivez que par la force, n'allez pas jusqu'à vouloir pénétrer jusque dans sa volonté; une barrière d'airain s'élève entr'elle et vous, et lors même que vous vous précipiteriez dans ses temples par la violence, vous ne feriez encore que montrer davantage combien il est contradictoire de faire de telles professions de foi lorsque la foi même ne subsiste plus.

C'est encore une contradiction apparemment de s'emparer par la force des édifices sacrés, et de mêler aux croix pacifiques qui les surmontent ces signes de politique que l'Église ne connaît pas. Et de quel droit pénétrez-vous ainsi dans le sanctuaire? Les temples appartiennent à la foi, et non point à la politique? Vous avez vos édifices publics pour y planter vos drapeaux. Laissez à l'Église son innocente neutralité ; aussi bien les conflits humains ont de tels retours , qu'il serait triste de voir les emblêmes de la victoire se succéder brusquement sur ces lieux consacrés par des croyances qui ne changent pas.

Que dirai-je enfin ? Tout ce qui porte atteinte à la liberté de l'homme est une contradiction de la part d'une révolution qui se fait par la liberté ; et plus la liberté est intime et inhérente à la conscience, plus la contradiction est odieuse. Aussi qu'est-ce que c'est que ce vieux langage despotique et outrageant de quelques généraux de Bonaparte, qui chargés de prendre part à une révolution de liberté se sont mis à renouveler le ton hautain de l'Empire (1)? N'est-ce pas pitié d'entendre ces hom-

(1) « Dixième de ligne !

» Je vous envoie à Nîmes !

» Les bandes des Trestaillons, ceux qui égorgeaient dans le » Midi en 1815 et 1816 , excités par les ennemis de notre ré- »génération politique, menacent de se reformer et de re- » commencer les scènes de carnage qui ont désolé cette con- » trée......

» Les perturbateurs courberont la tête ! ......

Ordre du jour du général Bachelu, Lyon , le 1ᵉʳ sept. 1830.

mes de tyrannie parler à des Français et à des Français catholiques, comme s'ils étaient de vils esclaves du directoire, ou des conscrits courbés sous le bâton d'un caporal? Est-ce qu'ils se méprennent au point d'ignorer qu'il y a assez de liberté en France pour faire tous les six mois des révolutions contre le despotisme? Est-ce qu'ils croient que les culs de basse-fosse sont r'ouverts et qu'il va être facile d'y précipiter des chrétiens? Allons, braves défenseurs de la liberté, prenez garde aux contradictions. Les contradictions tuent la logique, et elles tuent aussi le pouvoir. Songez que la liberté règne, et que la liberté appartient à tout le monde. Il ne vous est point donné de faire rétrograder le monde. Il marche, et il marchera malgré tous. Ne songez plus au pouvoir du sabre. Le despotisme est toujours odieux;

Voyez aussi la proclamation du général Delort à Marseille, en date du 20 août.

A Nîmes, le 2 septembre, **M.** le colonel de Lascours ordonnait à tous les citoyens de se parer des couleurs nationales, sous peine *d'être arrêtés sur-le-champ.* Ceci est plus fort que tout le reste, et la révolution n'a rien dit de cette audacieuse violation de la liberté.

mais il y a des temps où il risque surtout d'être absurde.

Encore passe pour cette envie d'un général d'armée de lever le sabre sur des têtes d'hommes libres !
Mais comprend-on que les politiques de la révolution, les vieux révolutionnaires, les jacobins en un
mot, ce qu'il y avait hier de plus extrême dans la
liberté, se soient subitement arrêtés dans un pouvoir né d'une tempête, et qu'à présent ils ne voient
rien de mieux que d'enchaîner la liberté et de poser
des bornes à la souveraineté du peuple qui les a faits
quelque chose !

Ceci est un spectacle plaisant à voir ! S'il y a des
esprits conséquents qui veuillent aller jusqu'au bout
de la liberté, arrêtez, s'écrient ces heureux esprits
qui connaissent la juste limite des choses; arrêtez !
vous allez tout perdre. Pour eux, ils se sont arrêtés
dans les emplois, dans les ministères, dans les pré-
fectures, au conseil d'État, partout où il y avait du
pouvoir et de l'or. Oh ! politiques prévoyants et
sages ! vous savez, je le vois bien, jusqu'où doit
aller la liberté pour être utile; mais prenez garde;
il y a du sarcasme encore dans le monde; il y a du

mépris encore, il y a même de la haine et de l'in-dignation pour quiconque trafique du sang et de la misère du peuple, et tout n'est pas fini, parce que vous dites que tout est bien.

Toujours est-il que les contradictions se conti-nuent, et qu'il est bon de les étudier comme source d'instruction pour quiconque veut approfondir l'his-toire des révolutions humaines. Et quelle contra-diction plus manifeste et plus criante, je le demande, que celle d'une chambre qui s'arroge tous les pou-voirs au nom de la souveraineté du peuple, et ne veut pas que le peuple en masse soit consulté pour savoir si l'usurpation a été légale, et si l'usage ex-horbitant de cette puissance mérite d'être ratifié. Un homme conséquent s'épouvante un jour de cette contradiction; et il s'écrie en pleine tribune (1):

« La conservation de la chambre est-elle légale? Ce que la chambre a fait, sans aucun doute elle avait le droit de le faire. Elle était le seul pouvoir existant au milieu de la perturbation générale. Elle était chargée par sa position de pourvoir au salut

____

(1) Séance du 30 août. Discours de M. Mauguin.

de l'État. Le trône était vacant. Un pouvoir oppresseur en avait été violemment expulsé. La chambre
a eu le droit , je dis plus, c'était pour elle un devoir,
de nommer au trône et de recevoir des sermens ,
qui pour cette fois ne seront pas violés. Ce droit a
été exercé par elle. Ce n'est pas là encore où devait
s'arrêter son mandat. Il faut au pouvoir l'impôt
pour qu'il vive. Il faut qu'elle crée encore un nouveau système électoral qui réponde au nouveau système d'organisation social établi par les derniers
événemens et par ses actes. La chambre a tiré son
droit de la nécessité. Mais si elle n'a tiré son droit
que de la nécessité, son droit meurt avec la nécessité même , et ne peut aller au-delà.

» Aujourd'hui que voyons-nous ? La chambre des
pairs est mutilée. Le gouvernement et l'administration de Charles **X** sont renversés. Devons-nous faire
partie du gouvernement renversé ; et quand le tout
est renversé , la partie seule subsistera-t-elle ? Notre
mandat était de faire partie d'un gouvernement que
le peuple a détruit. Notre mandat est mort avec le
gouvernement près de qui nous étions envoyés, et
si la révolution de juillet nous a créés comme pou-

voir nécessaire , elle nous a détruits comme pouvoir légal , comme le gouvernement qui faisait un tout indivisible.

» Examinez les inconséquences où nous entraînerait le parti contraire.

» Vous avez annoncé vous-mêmes , dans votre déclaration , que le double vote ne devait plus paraître parmi vous. Vous avez plus fait , vous avez dit que l'âge de 3o ans serait désormais celui des éligibles , et que l'âge de 25 ans serait celui des électeurs ; maintenant que vous propose-t-on ? de donner un démenti au système réparateur que vous avez proclamé, et de continuer cet ancien système illégal que vous avez renversé.

» Voyez ce qui arriverait au milieu de nous. Des départements vont profiter du système nouveau , et à côté de l'élu de l'ancien système se trouvera l'élu du nouveau ; la chambre sera composé d'éléments non uniformes.

» Si parmi les départements non appelés à jouir de la loi nouvelle, quelques-uns élevaient la voix et disaient : Pourquoi donc avons-nous encore les députés du double vote ? Pourquoi sommes-nous pri-

vés d'avoir des députés de 3o ans ? Pourquoi nos
électeurs de 25 ans sont-ils privés du droit de suf-
frage ? Si ces départements refusaient l'impôt ? Si la
malveillance venait à s'emparer de ces mécontentements ? »

Ici il se faisait une grande explosion de murmures
au côté gauche de l'assemblée ; et l'orateur conti-
nuait :

« Permettez-moi d'expliquer ma pensée. Il est
impossible de dire que la malveillance ne s'agite pas
en France. Eh bien ! si à l'aide des mécontentements
que je viens de signaler, la malveillance s'agitait et
parvenait au résultat dont je parlais tout-à-l'heure ,
quels seraient les coupables ?

» Quel est le membre qui croit ici représenter la
pensée de son département ? »

Et ici encore les murmures redoublaient, et l'o-
rateur enfin ajoutait ces dernières paroles, timide
appel à la souveraineté du peuple, mais enfin expression d'une doctrine qui sent la nécessité d'aller
jusqu'au bout de ses conséquences.

« Je ne vois, Messieurs, qu'un moyen de s'éclai-
rer, c'est de tout dire. La France s'est trouvée sans

gouvernement , sans chef. Elle a été modérée après le combat , ou plutôt elle s'est modérée pendant le combat. Aujourd'hui l'ordre est rétabli. Comment voulez-vous , lorsqu'un gouvernement régulier commence à se faire sentir , qu'elle continue un mandat qu'elle n'a reçu que de la nécessité. Si votre opinion , à vous chambre, est en arrière de l'opinion nationale, c'est à vous d'en changer. Le seul moyen de connaître l'opinion nationale , c'est de faire un appel aux électeurs.

» Je ne conçois pas de provisoire quand le définitif est possible. Pour un trône jeune encore il faut une chambre jeune , pour l'obtenir il faut faire un appel à l'opinion nationale. Il ne faut pas qu'on dise que nous restons seuls debout au milieu des débris d'un gouvernement renversé.

» Présentons-nous de nouveau devant les électeurs; s'ils ne nous renvoient pas sur ces bancs , en bons Français nous devrons , comme à Sparte , nous féliciter de ce que la patrie a trouvé des citoyens meilleurs que nous. »

Voilà donc ce qui faisait pâlir et trembler ces faiseurs de révolution, qui *avaient nommé à un trône*

au nom du peuple, sans que le peuple les eût chargés, avait dit M. de Cormenin, de faire un roi, et
qui n'osent à présent comparaître devant le peuple
pour lui demander la sanction souveraine de cette
nouvelle *légitimité.*

Un autre jour c'est un spectacle semblable.

« Depuis quinze jours, s'écrie tout-à-coup M. de
Brigode (1), nous sommes ici dans une inaction qui
contraste singulièrement avec les derniers événements. Placer un roi sur le trône, modifier la constitution de l'État, mettre une loi électorale provi-
soirement en harmonie avec d'aussi grands changements, sont des actes qui, eu égard à la position
difficile où nous étions, auront l'assentiment de la
France.

» Nous en serons certains surtout quand on consi-
dérera que ces actes assez élevés n'étaient point dans
le but de notre mission, et n'avaient même aucun
rapport avec cette mission. Quand les électeurs
nous ont nommés, c'était pour concourir à la con-

____

(1) Séance du 11 septembre.

fection des lois, à la diminution des charges qui pèsent sur le peuple ; au lieu de cela qu'avons-nous fait ? un roi et une Charte ; c'était la nécessité la plus pressante ; mais il n'en est pas moins vrai que nous n'avons fait que ce que nous n'avions pas mission de faire. »

Voici des murmures qui éclatent et des plaintes qui s'élèvent, et l'orateur qui cherche vainement à continuer dans le tumulte. Quoi ! cet intrépide logicien allait aussi demander la sanction du peuple ! Attendez, voici M. B. Constant, ce grand défenseur des droits du peuple, qui sait mieux que personne la limite de la liberté, le voici qui va vous montrer que tout a été légal, légitime et conforme à la souveraineté populaire.

« C'était avec une profonde douleur, s'écrie-t-il, que j'avais demandé la parole pour répondre à mon honorable collègue et ami, M. de Brigode, si distingué par son talent et son courage dans la carrière constitutionnelle. Ce collègue a été aujourd'hui entraîné, je ne sais par quelle fatalité, à affliger la chambre et, je dirai plus, tous les citoyens qui tiennent à l'ordre nouveau. Ces citoyens désirent ne pas entendre dire que nous n'avions pas le droit de faire ce que nous avons fait, dans la plus grave des nécessités, pour sauver la France, et donner à une nation héroïque et digne de la liberté un roi citoyen digne de consolider la liberté. Nous avons eu une mission, et cette mission était de sauver la France. »

Que faut-il de plus ? Le droit n'est-il pas évident ? Et le peuple, que fait-il de sa souveraineté, pendant que deux cents députés lui sauvent la France avec cette facilité ? Le peuple des carrefours, le peuple déguenillé sait ce qu'il fait, lui. Mais le peuple français, la population paisible, la population propriétaire, la nation des champs et des hameaux, les hommes qui ont à perdre, les hommes qui interviennent dans les affaires par le travail et par l'impôt, ce peuple que fait-il ? et qu'en faites-vous ? Le mettez-vous hors de la société politique ? et ne le proclamez-vous souverain que pour faire de son sceptre une dérision ? Oui vraiment, et voici que la liberté transformée en pouvoir a des écrivains chargés de justifier cet ilotisme, comme un progrès naturel du siècle. Ainsi la *liberté-pouvoir* a ses flatteurs, et des flatteurs méprisants pour le peuple, des flatteurs semblables à tous les flatteurs par le mensonge et l'insulte, et capables de faire des apothéoses pour la tyrannie des démocrates comme pour l'usurpation des despotes.

« Beaucoup de gens, disait le *Journal du Commerce* (1), encore imbus des doctrines de 1791, voudraient que la masse entière du peuple pût concourir au choix des députés, et que l'on rétablît à cette fin les assemblées primaires, auxquelles serait attribué le droit de désigner les électeurs. Nous croyons que ce système, contraire à la saine théorie et à l'expérience, n'est guère plus de notre tems que les institutions d'Alfred-le-Grand et d'Édouard-le-Confesseur. Ce droit universel de concours, sur lequel il est établi, est une chimère, et ne repose que sur une confusion d'idées. Les droits naturels appartiennent à tous les membres de la société civile; les droits politiques n'appartiennent qu'à ceux

(1) Le 26 août.

en qui réside la capacité de les exercer avec discer-
nement. La loi n'a point mission de créer des électeurs par des procédés artificiels : les électeurs
existent tout faits dans la société : il ne s'agit que
de déterminer à quel signe légal on les reconnaîtra. »

Voyez-vous comme ces grands amis du peuple
le chassent avec mépris des affaires. Et qui leur a
fait cette distinction des droits civils et des droits
politiques? et qu'est-ce même que des droits civils,
si la politique n'y est pour rien? et enfin qui est-ce
qui a mission ici-bas pour déterminer la capacité
qui est une condition au droit politique? qui est-ce
qui va nous déterminer ces catégories de l'intelligence? Voilà certes des raisons bien hautaines; elles
nous parlent de la souveraineté du peuple, et puis
elles nous font un choix dans le peuple, hors duquel
il n'y a plus que des ilotes. Superbes politiques,
dont la fierté se déconcerte devant ces masses populaires qu'ils invoquaient tout à l'heure, ou plutôt
logiciens timides qui n'osent aller au bout de leurs
doctrines ! Mais ces contradictions ne les sauveront
pas, il faudra bien que le principe qu'ils ont posé se
développe et porte ses fruits. La souveraineté du

peuple est proclamée; que le peuple règne donc, que sa volonté soit maîtresse, et que ses flatteurs de la veille soient punis, par leurs tristes contradictions, de la basse flatterie qu'ils portent aux pieds du pouvoir au détriment de la liberté.

CHAPITRE IX.

DE CE QUI RESTE DE LÉGITIME, ET DES MOYENS DE LE DÉFENDRE.

Il importe ici de résumer les principales idées exposées dans cet écrit, car l'application va tout à l'heure se montrer d'elle-même.

La royauté, avons-nous dit, s'est détachée de la puissance spirituelle, afin de se constituer pouvoir par le privilége seul de sa nature.

Par là l'obéissance n'a eu d'autre règle que la volonté du pouvoir, et la liberté publique n'a eu d'autre garantie que la révolte.

Double désordre qui détruit à la longue toute société.

Il est arrivé que la royauté se trouvant en présence du peuple, n'a eu sur lui d'autre action que
celle de la force, et d'autre part le peuple impa-
tient de cette autorité est resté juge suprême du devoir de se soumettre.

Or le serment de fidélité a été vain, dès que la
religion n'a plus été la gardienne de la foi jurée. Et
comme on n'eût pas admis en principe que le prince
peut abuser à son gré de son pouvoir, il fallait de
toute nécessité reconnaître que la volonté du peuple suffit pour rompre ses engagements envers la
puissance qui dépasse ses droits.

Delà la souveraineté du peuple, établie comme
alternative rigoureuse de la souveraineté de Dieu.

Et le peuple étant une fois souverain, il n'y a
plus dans le monde que des gouvernements de fait,
soit que les vieux gouvernements se modifient au gré
de la force, soit que d'autres soient établis ou renversés par elle; et ainsi il n'y a point de vraie légitimité, puisque la légitimité est indépendante de
la force, et que dans l'ordre nouveau la force seule
commande.

Dans cette situation des choses, les pouvoirs qui se succèdent sont des pouvoirs matériels, et la société véritable, la société religieuse se constitue à côté d'eux, et il en résulte que les seuls rapports qui subsistent entre la société et les pouvoirs, doivent avoir pour objet unique de revendiquer la liberté. Et c'est à cette dernière solution que nous avons été conduits par toute la suite de nos idées.

Ici donc il faut se demander quels sont dans cet étrange abandon des doctrines qui constituent les États, les intérêts principaux qui ont survécu et dont la défense est avant tout un devoir pour la conscience humaine. La légitimité politique s'étant en quelque sorte abdiquée elle-même, ne reste-t-il rien de légitime dans le monde, et tout sera-t-il livré au caprice des gouvernements de fait, ou à la violence des multitudes armées ?

Voilà la seule question capitale qui subsiste désormais. Car que les hommes et les factions courent après la puissance, et qu'ils s'en emparent pour avoir le plaisir de commander un jour à la société matérielle, c'est là un spectacle de simple curiosité pour quiconque a de hautes pensées dans l'intelligence; mais en tout cela il n'y a rien qui descende au fond de la nature intime de l'homme. Ce que l'homme doit voir au-dessus de tous ces vains conflits d'orgueil, c'est ce qui tient à son être, à sa foi, à sa liberté. Qu'il sauve ces intérêts inhérents à sa nature, et il se sauve lui-même. Car sa vie, ce n'est point ce bien-être que cherchent les ambitieux et les cupides, bien-être à chaque moment troublé, mais c'est cette pleine jouissance de soi et de ses croyances, sentiment profond qu'on n'arrache pas plus à l'homme qu'on ne saurait lui arracher les entrailles sans lui ôter l'existence.

Ce sentiment intime de l'homme se présente sous trois formes, suivant que l'homme se considère dans ses rapports avec les autres et avec lui-même.

Placé dans la société religieuse, il en reçoit la foi par l'enseignement, et cette foi commune est le premier de tous ses droits, et la société ne lui manque pas pour l'aider à la défendre par le concours des mêmes moyens et par l'encouragement des mêmes vœux.

Père de famille, et chef de la société domestique, il sent encore dans cette situation particulière le

besoin de jouir pleinement de sa foi pour la trans·
mettre à ses enfants, et c'est là le premier et le plus
noble exercice de l'autorité paternelle, la seule, à
vrai dire, qui descende directement de la volonté
suprême de Dieu.

Puis enfin, mêlé malgré lui-même à un ordre quelconque de politique qui peut non-seulement em-
barrasser par la complication de ses intérêts la
jouissance de ce double droit, mais encore le troubler dans l'exercice des autres droits qui lui appartiennent comme citoyen, indépendamment de sa
foi, il a besoin de revendiquer la liberté, quelle
qu'elle puisse être, pour défendre cette position
personnelle, soit qu'elle donne lieu à des débats
matériels, ou à l'expression d'opinions personnelles.

De ces trois manières d'envisager l'homme dans
la société présente, il résulte un triple droit, qui
devient le fondement de toute la politique :

Liberté de la religion;

Liberté de l'enseignement;

Liberté de la presse.

Voilà ce droit de l'homme; voilà la *légitimité*

subsistante, hors de laquelle il n'y a plus rien, si ce n'est la tyrannie et la mort.

Et d'abord cette liberté de la religion découle même, comme conséquence absolue, de la séparation de la société politique de la société religieuse. Dès que les pouvoirs ont la prétention de se constituer seulement avec la force, il faut bien que de toute nécessité ils laissent la liberté à la foi; car apparemment la force est impuissante pour toucher à la conscience; la force ne plie pas les volontés; la force n'impose pas les croyances; la force ne modère pas les esprits. Que si jamais la force entendait pénétrer dans ce sanctuaire de l'intelligence humaine, pour y implanter même la plus indifférente des opinions, alors commencerait la plus horrible des tyrannies, et ce n'est pas sans doute dans un siècle comme celui-ci, siècle de liberté, ou d'indifférence, comme il voudra, qu'il s'éléverait des despotes assez audacieux pour tenter de telles usurpations.

Que tous les hommes donc s'entendent pour jouir de cette liberté de la foi, qui est le premier bien et le premier droit de l'être intelligent. Ici je m'adresse aux catholiques, et le moment est venu de leur faire entendre toute la vérité sur un sujet aussi grave. Avouons que tous n'ont pas toujours compris ce qu'il y a de fécond dans cette liberté du christianisme. N'en a-t-on pas vu appeler le pouvoir au secours de la foi; faire des intrigues de politique pour sauver la religion; céder de leurs croyances pour autoriser les usurpations des gouvernements; enchaîner l'Église au profit des pouvoirs humains; lier la conscience des fidèles pour complaire à des ministres prévaricateurs? Ah! ce n'est pas ainsi que le christianisme se développa sous la verge des tyrans. Les martyrs courbaient la tête; mais la foi ne pliait pas. Il y avait de la liberté dans les cris de douleur d'un Tertullien et d'un saint Justin. Il y avait de l'indépendance dans le dévoûment des héros qui mouraient sur les bûchers. On expirait alors, on ne cédait pas, et la mort, c'est encore de la liberté.

Dans des temps comme ceux-ci, le martyre véritable est devenu peut-être impossible; car la haine des persécuteurs manquerait du zèle qui fait les bourreaux. Il y a de la haine pourtant dans le monde; car il y a de l'ignorance et de la perversité, mais une ignorance qui ne tient à rien, une perversité lâche et seulement cupide d'or ou de places.

De quoi donc est capable cette haine? Je le dirai, elle est capable d'hypocrisie, tantôt d'une hypocrisie de protection, tantôt d'une hypocrisie d'indifférence. Malheur aux catholiques qui se laisseront prendre à ce double piége !

Les catholiques, placés dans un ordre institué par la force, lui doivent soumission, et secours au besoin, tant qu'il y a dans cet ordre matériel des conditions de tranquillité, de sécurité et de discipline publique. La religion même commande cette soumission et ce respect; mais il n'y a là aucun sacrifice de liberté. La religion, qui veut que le chrétien soit obéissant aux puissances, veut avant tout qu'il reste chrétien. Elle ne lui ordonne pas de vendre sa foi, de la livrer à la force, et de trafiquer de la liberté de l'Église. Qu'il soit citoyen fidèle aux lois, mais qu'il garde l'indépendance de sa conscience. Il ne souffrira pas que les pouvoirs humains s'arrogent sur sa pensée une autorité qui n'appartient qu'à Dieu. Et lorsqu'un ministre, comme

M. Guizot (1), viendra, au nom même de la liberté, menacer de sa surveillance la liberté de la religion, il aura le courage de dire à ce ministre qu'il prononce là des paroles de despotisme qui vont mal à un protestant qui prétend être populaire; il défiera au besoin ces pouvoirs d'un jour de toucher à cette première liberté de l'homme; et il leur apprendra que si le mot d'usurpation doit jamais être prononcé, c'est surtout lorsqu'il s'agit de ravir à la conscience humaine la liberté de ses croyances, la liberté de ses pratiques, la liberté de ses prières, la liberté de ses vœux, la liberté de son culte. Eh ! philosophes, si vous ne savez pas cela, que savez-vous donc? quoi! vous vivez par je ne sais quelle force brutale qui vous a jetés, tristes victimes, au haut de la société, et vous ne savez pas que la force brutale ne touche pas à l'être intime de l'homme? qu'elle meurt devant la conscience, devant la simple volonté d'un enfant? Catholiques, poussez à bout ces usurpateurs, laissez-leur ces débris de la puissance qu'ils se jettent les uns aux autres comme des restes misé-

(1) Rapport aux chambres.

rables d'une chose qui n'a plus de nom. Mais restez fermes dans votre foi. Gardez la liberté qui vous appartient ; que la liberté soit votre signe d'union et qu'ainsi soit déconcérté ce complot d'usurpation, fait aussi au nom de la liberté, et que les sophistes tourneraient à votre ruine.

De la liberté de la foi découle, je l'ai déjà dit, la liberté de l'enseignement. Si le père de famille ne pouvait pas, selon sa volonté, régler la croyance de ses enfants en dirigeant leur éducation, il n'y aurait plus de famille, il n'y aurait plus de père. La société humaine serait ainsi attaquée dans sa base. Tout serait ruiné, les droits naturels de l'homme, qui sont identiques avec ses droits religieux ; les droits politiques, tels qu'on les proclame au nom même de la souveraineté de l'homme ; les droits civils, tels qu'on les institue avec des chartes et des pactes sociaux. Nul despotisme ne serait semblable à ce despotisme, car la tyrannie s'exercerait par la liberté, et l'homme ne supporte pas long-temps ce mélange d'oppression et d'ironie : la patience humaine ne saurait aller jusqu'à cet excès.

Nul ne dira cependant que l'État n'ait pas le droit

d'avoir ses écoles publiques. La liberté est commune, qui ne le sait? et même elle sera toujours plus large pour l'État que pour les particuliers; car l'État attache des priviléges à ses écoles, et puis il y fait concourir par l'impôt les particuliers eux-mêmes qui en sont exclus par le fait de leur volonté. Voilà certes une liberté que les particuliers ne sauraient avoir, et qui même pourrait aisément devenir de la tyrannie. Mais que l'État garde pour lui tout ce qui est exhorbitant dans le droit; ce qu'il faut aux particuliers, c'est une liberté d'enseignement exercée même à leur détriment. Cette liberté tient à leur foi. Il la leur faut sous peine d'organiser un système d'oppression pour les consciences et de détruire ce droit commun institué à grand bruit dans les constitutions politiques. Qui refusera de réclamer hardiment cette liberté? quel est le père de famille qui voudra livrer son fils à un pouvoir qui déclare qu'il n'a point de religion, et dont tous les actes publics doivent être rigoureusement des professions d'athéisme? Est-ce donc qu'il n'y aurait plus de foi dans le vieux royaume de Clovis? est-ce que l'Église aurait perdu son autorité? est-ce qu'il

n'y aurait plus que des familles livrées à l'apostasie ?
Qui est-ce qui prononcera de telles paroles ? et qui
les croira ? Ah ! l'amour des vertus chrétiennes est
plus enraciné qu'on ne pense dans les cœurs même
les plus indifférents. Le père qui se jette aveuglé-
ment dans les désordres de la politique ne veut pas
que son fils périsse avant l'âge par la licence et la
dégradation. Il n'y a pas de mère qui voulût jeter
son enfant entre les mains de précepteurs infidèles,
matérialistes ou corrupteurs. Et si cela est vrai, et
si tout le monde en convient, que tout le monde
donc fasse entendre un même cri vers le pouvoir
pour demander, au nom de ce père et de cette mère
inquiets et tendres, une liberté que personne n'a le
droit de leur ravir. Cette liberté résulte de la nature
même des choses ; elle résulte aussi du droit écrit,
de ce droit de la conscience, de cette liberté individuelle, qui serait une chimère et une dérision si
elle ne s'appliquait pas d'abord à ce qu'il y a de
plus intime à l'individu, à sa croyance la plus profonde et à ses affections les plus chères.

Il est un troisième droit qui découle toujours de
ce droit fondamental de la conscience, et qui de

plus est inhérent aux formes purement matérielles de la société présente, c'est le droit de défendre publiquement sa liberté et les simples opinions qui s'y rattachent. C'est par la presse que s'exerce aujourd'hui ce droit, et si en général il est facile d'établir que cette liberté de tout écrire peut à la longue ébranler tous les pouvoirs humains, cela même n'est pas une raison pour les catholiques de renoncer au seul moyen qui leur reste de défendre leur croyance personnelle et leur existence publique. Est-il possible d'imaginer que nous allions, par une susceptibilité extrême, nous jeter, les mains liées, aux pieds d'un pouvoir qui jure qu'il n'aura rien de commun avec nous, ni croyance, ni foi, ni intérêts politiques ? Quel délire ! juste ciel ! et s'il plaît à ces sophistes persécuteurs, dont nous entendons de loin en loin les sinistres paroles, de se mettre à poursuivre notre Église, nos pontifes, nos prêtres, nous-mêmes, il faudra donc que d'avance nous nous condamnions au silence, et qu'il ne reste aucune voix de liberté pour crier à l'iniquité ? Où donc cette résignation stupide est-elle enseignée ? Vous dites que le monde périra par la liberté de la presse ! c'est-à--

dire peut-être quelques pouvoirs mondains seront
renversés, quelques réputations de sophistes seront
dissipées, quelques persécuteurs de bas étage seront
démasqués; ajoutez, si vous voulez, quelques révolutions nouvelles seront accomplies, et qui sait?
quelques trônes peut-être seront démolis. Mais est-
ce nous qui ferons ces calamités avec nos doctrines
de paix et d'ordre? Et après tout, le monde ne meurt
pas pour ces changements. Depuis six mille ans,
que voyez-vous autre chose dans l'histoire des nations? Est-ce que la société humaine a péri, que
vous sachiez? N'en reste-t-il pas de vestige sous nos
yeux? Le christianisme périt-il aussi dans les désastres qui frappent les potentats de la terre? Ah! ce
n'est pas nous qui, les premiers, aurons chassé loin
de nos cœurs cet intérêt d'affection et de zèle pour
des pouvoirs qui n'ont que des mépris à nous prodiguer en retour; mais nul ne fera que nous n'ayons
toujours à défendre *ce qui est tout l'homme*, notre
foi, notre liberté. Les gouvernements ne savent-ils
pas bien d'ailleurs à quoi ils se dévouent en déchaî-
nant les opinions? ne savent-ils pas quelle est la conséquence d'un ordre de choses où la force seule

préside ? Ils parlent d'une *puissance publique* qu'ils mettent en opposition avec l'ordre spirituel (1) ! Ne savent-ils pas bien la portée de cette parole ? ne savent-ils pas qu'elle met d'un côté tout ce qui constitue l'intelligence humaine, et de l'autre la force brute, matérielle, oppressive ? Et pourquoi renoncer à cet ordre spirituel, le seul qui convienne à la dignité de l'homme, pour nous jeter du côté de la force, le seul qui convienne à la conduite d'êtres sans pensées et sans liberté ? Et si les gouvernements se dévouent par là à l'abrutissement ou à la mort, est-ce une raison de renier ce qui fait la grandeur de notre être ?

J'entends dire que la révolution ne nous laissera pas le droit de jouir de la liberté et de la professer comme une doctrine. Et quand même la révolution s'essaierait au despotisme contre nous, est-ce à dire encore une fois que nous devons courir à la servitude, comme ces vieux Romains qui, à force de soumission, remplissaient de dégoût Tibère lui-même ? Ah ! qu'on nous laisse croire du moins qu'il

(1) Rapport de M. Guizot aux chambres.

reste quelque chose de l'humanité, et que les hommes ne sont pas tous condamnés à s'éteindre dans
l'ignominie. Et faut-il enfin un grand excès de courage pour exercer un droit qui est fait pour tous?
Et comment la révolution mettrait-elle hors de ses
lois de liberté la nation toute entière, cette nation
qui s'obstine à se déclarer catholique, au moment
même où elle déclare que l'État n'a point de foi?
J'ose dire qu'il n'est pas donné à la révolution présente de s'arrêter même un instant à de telles pensées. Malgré elle, elle proclamera la liberté, la liberté
dût-elle tuer la révolution. Il y aura des désordres,
la place publique sera encore agitée, des crimes
peut-être seront commis; mais ces crimes et ces
désordres ne feront qu'attester l'impuissance de la
révolution non-seulement contre la liberté, mais
contre la licence même. Pourquoi donc, dans une
telle situation des choses, se tenir blotti derrière la
révolution? N'avons-nous pas foi dans nos doctrines?
la cause du christianisme n'est-elle pas assez grande?
On aurait trop profondément à gémir si l'on se
croyait obligé de prêcher le courage et la confiance
à des hommes dont toute la vie doit être un encou-

ragement pour autrui. Laissons, laissons couler sous nos yeux toutes ces images de renversements et de tempêtes ; la liberté chrétienne survivra, et c'est à cette cause que doivent enfin s'attacher tous les nobles cœurs, lorsque toutes les autres causes manquent aux plus beaux dévouements et aux plus intrépides courages.

CHAPITRE X.

DU RETOUR A L'ORDRE PAR LA LIBERTÉ.

On vient de le voir, la liberté est non-seulement
un droit, mais elle est un besoin, elle est une loi
de nécessité, hors de laquelle tout périrait dans le
désordre et l'ignominie. Mais il arrive que ceux qui
trafiquent de la révolution s'épouvantent déjà de
voir des catholiques revendiquer ce droit avec fer-
meté, et le développer hardiment dans ses conséquences. Déjà ils nous accusent de vouloir exagérer
ainsi la liberté pour arriver, disent-ils, au despotisme.

(162)

« Pousser le principe de la liberté jusqu'à ses dernières conséquences, disent-ils (1), nous ramener
par la confusion au pouvoir que regrette *la Quotidienne*, c'est là la pensée du parti, aussi formelle-
ment avouée qu'elle peut l'être. Maintenant nous
ferons une réflexion. M. Laurentie est ou n'est pas
honnête homme. S'il ne l'est point, son système
atroce s'explique; mais si M. Laurentie est honnête
homme (et nous le croyons tel à la naïveté de son article) (2), sa pensée, dans une tête et un cœur d'honnête homme, prouve plus invinciblement encore
combien est invincible, dans son parti, la tendance
à exagérer la liberté pour nous ramener au despotisme. Puisque cette tendance impie, qui doit nous
ramener à l'unité despotique par l'anarchie, est si
involontairement dans les hommes honnêtes du
parti, qu'ils croient pouvoir l'avouer, c'est une
preuve qu'elle est irrésistible dans ce parti, et que,
malgré lui, il ne fera pas autre chose. Il nous semble donc que M. Laurentie étant pris pour un hon-

(1) Le *National* du 19 août 1830.
(2) Le *National* répond à un article signé *Laurentie* dans la
Quotidienne.

nête homme, son article est plus frappant, plus si-
gnificatif, plus atroce encore. »

Telle est l'accusation improvisée contre des hommes libres, accusation exprimée en termes furieux,
il n'importe, mais qui révèlent, j'ose le dire, la
peur que l'on a de la liberté.

Sans chercher à faire de vaines apologies, je dirai que la révolution, du moins la révolution mi-
nistérielle, ne se doute pas, à ce qu'il paraît, de ce
qu'il y a d'antipathique contre l'unité catholique et
le despotisme. L'unité catholique se constitue par
la communauté des mêmes croyances, réglées par
une autorité souveraine; mais cette autorité n'ayant
d'action que sur les intelligences, laisse les volontés
libres, et ainsi la perfection de la société humaine
se trouve dans le catholicisme, par la raison qu'il
n'y a dans le catholicisme qu'une soumission volon-
taire. Quiconque entendrait imposer la foi par la
force, ou par la menace, ou par les bûchers, ou par
l'échafaud, détruirait la foi par cela même, et rom-
prait cette unité intellectuelle, qui constitue la seule
vraie société parmi les hommes.

Que si le despotisme est monstrueux dans le ca-

tholicisme pour le maintien de la foi, comment
imaginer que le catholicisme admette hors de lui un
tel pouvoir pour la conduite de la société civile?
Les hommes sont donc devenus bien ignorants des
choses de la religion, puisqu'ils ne savent plus que
si la liberté a quelque part un asyle, c'est dans la
conscience du chrétien. Quels sont les pouvoirs des-
potiques que le christianisme n'ait pas combattus?
quelles sont les tyrannies que l'Église n'ait point
foudroyées? Malheureux peuples! ils ont oublié
déjà que s'ils sont libres dans tout le monde, c'est
à la religion qu'ils doivent leurs franchises! Rome,
cet objet éternel des haines et des outrages, n'a-t-
elle pas brisé l'esclavage des vieilles nations? la servitude ne pèse-t-elle pas sur les hommes partout où
la croix a été renversée, ou seulement déshonorée
par le schisme et l'hérésie? Qu'est devenue cette
terre glorieuse des Africains, où saint Augustin fit
jadis entendre de si beaux accents de génie? qu'est
devenu le sol de la Grèce depuis que le catholicisme
n'y a plus son autorité? Partout où l'Église a perdu
ses vieux droits, la liberté n'a plus été qu'une hypocrisie. L'Angleterre elle-même, qui se vante de

ses franchises publiques, n'a connu qu'un pouvoir despotique, transporté à des assemblées au lieu d'être exercé par un seul monarque. Tout un peuple a été mis hors des lois de liberté ! L'oppression a été son partage, et c'est le catholicisme qui seul a perpétué pendant plus d'un siècle ses courageuses protestations contre une domination odieuse et pleine d'ironie. Est-ce que le monde est sourd à ce langage de liberté ? L'histoire n'a-t-elle plus ses enseignements ? et le tems ne viendra-t-il pas de dissiper ces haines étranges, et ces préventions stupides contre une religion qui a brisé toutes les chaines et affranchi toutes les nations ?

Certes on verra dans cet écrit si les catholiques combattent pour le despotisme. Les catholiques ont pu s'attacher à une vieille dynastie enracinée par son antiquité même dans les mœurs et les affections de tout le peuple. Ils ont pu y voir une condition d'ordre et de liberté pour la France , et faire des efforts pour l'arracher à sa ruine. Mais voulaient-ils pour cela diviniser en elle le despotisme ? et songeraient-ils jamais à mentir à leur conscience , et à faire des théories passagères de liberté pour arriver

par l'excès du désordre à des pouvoirs de tyrannie ?
qu'est-ce qu'une accusation semblable ? on parle de
système atroce, d'*article atroce*, de *tendance impie !*
Laissons ces grossières injures; mais s'il y a des systèmes qui méritent d'être signalés avec des termes
de dureté semblable, ce sont apparemment ceux
qui attribuent le despotisme à la liberté même. La
révolution devrait avoir d'autres armes pour com-
battre ceux qui ne font que défendre et revendiquer
un droit qui est désormais le droit de tous, et hors
duquel le catholicisme ne sera pas mis, dût-on lui
opposer encore les lois de la Convention ou les décrets de l'Empire.

Toutefois il convient d'expliquer aux catholiques
quelques paroles qui, après de longs préjugés sur la
nature du pouvoir, pourraient blesser leur susceptibilité !

Assurément personne ne songe à dire que cet état
de liberté pratique qui rompt dans la société politique toute vérité extérieure, soit un ordre parfait ni
conforme à la nature des choses. La perfection de la
société humaine, ai-je dit, ne se trouve que dans
le catholicisme, par la raison que ce n'est que dans

le catholicisme que se trouve l'unité libre et complète des intelligences.

Il s'ensuit que si les pouvoirs politiques se constituaient d'après les lois de l'unité catholique, la société civile participerait à cette perfection du catholicisme, bien qu'après tout la faiblesse humaine dût toujours se faire sentir dans cette perfection même.

Le monde a connu cet ordre de choses. C'est celui qui subsista long-temps dans les premières monarchies de l'Europe instituées par le christianisme. Là l'autorité catholique dominait tout l'ensemble de la société politique, et les lois civiles étaient mises en harmonie avec les lois religieuses, de telle sorte que la distinction qu'on fait aujourd'hui de la société spirituelle et de la puissance publique ne pouvait alors avoir de réalité.

Par là la liberté et le pouvoir avaient une règle commune, et les conflits entre les peuples et les rois étaient résolus par l'autorité qui a mission sur la terre de prononcer, au nom de Dieu même, sur l'équité des commandements et sur les engagements de la conscience. L'intervention des Papes dans ces grands débats de la politique était donc une nécessité de ces siècles de foi et d'unité, et c'est pitié aujourd'hui d'entendre des philosophes renouveler contre eux des accusations d'usurpation et de tyrannie, lorsqu'il est si facile de voir dans les histoires que la société était tellement constituée, que les Papes remplissaient malgré eux un devoir public, et accomplissaient une mission sans laquelle tout périssait dans l'anarchie.

Et quel besoin avaient les Papes de se mêler pour eux-mêmes à ces disputes armées ? Dépouillaient-ils les rois pour s'emparer de leur sceptre ? frappaient-ils les peuples pour s'engraisser de leur sang ? Peuples et rois accouraient à eux, comme à une charte toute vivante, qui avait toujours l'explication des droits et des devoirs, et ainsi leur puissance fut un besoin des tems et une condition même du catholicisme, tel qu'il était alors constitué dans les monarchies, et tel qu'il le fallait pour défendre tour à tour le pouvoir et la liberté.

A vrai dire, entre toutes les théories que pourront jamais enfanter les hommes sur la politique, voilà bien la plus simple, la plus naturelle et la plus féconde. Ce n'est pas ici le lieu de le démontrer, d'autres l'ont fait, et d'autres le feront encore. Mais puisque par des causes exposées en tête de cet écrit, une telle théorie est devenue sans application à des tems comme les nôtres, il importe de comprendre, quelle est au moins la nature de celle qui a été mise à sa place, et à quelles conditions elle soumet quiconque a quelque chose de personnel à défendre.

Apparemment personne ne songe désormais au pouvoir divin, ou au despotisme. Que reste-t-il donc si ce n'est la liberté, non pas seulement la liberté telle qu'elle est inhérente à la nature du catholicisme et au caractère même du chrétien, mais la liberté même telle que la constituent avec des chartes les pouvoirs matériels qui se rendent maîtres de la société ?

Il ne sert de rien de dire que cette liberté est du désordre, parce qu'elle n'est point réglée par des lois morales ; il suffit qu'il appartienne à chacun d'en jouir comme il lui convient, par la raison même que les pouvoirs n'admettent pas de lois morales pour la régler.

Nul ne sait, après tout, ce que cette liberté, quelle qu'elle soit, peut produire à la longue de fécond pour l'ordre réel de la société. Certes je ne mêlerai pas de vaines prédictions aux raisonnements sérieux de cet écrit; mais il est permis à tout le monde de soupçonner au moins que la liberté désordonnée peut finir par inspirer aux peuples un besoin infini de se reposer dans l'ordre. Il faut peut-être un long cours de désastres nouveaux pour arriver à ce repos, et la vie humaine est courte pour voir commencer et finir des révolutions qui tiennent à tout l'ensemble des dispositions morales d'une nation toute entière. Mais que fait à la Providence éternelle cette durée des calamités humaines ? Faibles mortels, nous croyons que le monde s'arrête pour voir nos tristes débats, et tandis que nos révolutions éclosent à peine, nous-mêmes, nous passons sans avoir le tems d'en contempler l'issue dans le lointain.

Toujours est-il que nous avons un devoir à remplir comme catholiques dans le court passage de la vie, c'est de ne point renier l'exercice d'une liberté rendue nécessaire à notre foi, et qui peut devenir quelque jour nécessaire à la foi d'autrui. C'est ainsi que j'entends que la liberté peut ramener à l'ordre, seulement par la manifestation publique de toutes les pensées généreuses, fécondes et conservatrices qui sont inhérentes au catholicisme. Eh ! croyons donc que les peuples, battus par les tempêtes et frappés à outrance par leurs propres flatteurs, finiront par se détourner vers ce grand asyle de la liberté humaine. De vieux préjugés seront déracinés, et ceux-là qui n'ont cessé depuis un demi-siècle de s'attaquer à l'Église comme au boulevard des tyrannies, verront à la fin que l'Église n'est que le boulevard de la justice, cette universelle légitimité du monde, sans laquelle il n'y a ni peuples ni royautés, ni commandement raisonnable, ni obéissance libre.

Déjà plus d'un grand exemple a été donné à l'Europe : ne parlons plus de cette Irlande, qui, à force de se débattre sous les coups d'une *liberté* despotique et accablante, a fini par appeler sur elle l'intérêt de tous les nobles cœurs, et par arracher à ses maîtres le commencement au moins d'une liberté réelle, et qui finira tôt ou tard par être complète.

Sous nos yeux, un autre peuple (1) méritait depuis

______

(1) Tout le passage qu'on va lire était composé bien avant la dernière issue des événements. Le lecteur s'apercevra que rien n'y a été changé par l'auteur, qui est en ce moment absent de Paris.   (*Note de l'Éditeur.*)

quinze ans qu'on prît une égale part à sa position.
Comment n'être pas indigné de voir ce peuple belge,
peuple catholique et plein de foi, réclamer vainement les droits les plus précieux de l'homme, la liberté de la conscience, la liberté de l'enseignement,
quoi! la liberté même du langage? C'était là assurément une tyrannie toute nouvelle, et qui ne s'é-
tait jamais vue parmi les nations chrétiennes. Les
Romains du moins portaient aux vaincus l'élégance
de leurs arts, et la noblesse de leur langue, et ils
les séduisaient par des formes de politesse inconnues
à la barbarie. Mais, en vérité, contraindre un peuple
à parler la langue néerlandaise pour l'assouplir plus
aisément et l'accoutumer à la domination du protestantisme, c'était aussi trop de despotisme; et
dans ce moyen âge que nous regardons en pitié,
jamais pareille usurpation n'eût été tentée. C'est
qu'alors il y avait de la foi, et la foi suffit pour apprendre aux hommes la dignité de l'homme, et aussi
pour la protéger contre les tyrans. Et par bonheur
la foi s'était aussi conservée chez ce peuple frappé
dans ses droits les plus chers, et elle a suffi encore
pour l'arracher à cette domination excessive.

C'est ici un spectacle qui ne semblait pas devoir être offert à des tems comme les nôtres. Ailleurs nous avions vu des révolutions frénétiques, le meurtre et le pillage déshonorant la liberté, le désordre des révoltes, les excès de la sédition ; c'est qu'ailleurs la foi manquait aux rebelles, et en secouant le joug, ils ne sentaient pas le besoin de conquérir une liberté légitime, mais de renverser une autorité détestée. Puis la perversité se mêlait aux pensées généreuses ; l'ambition se couvrait du mensonge de l'indépendance ; on combattait pour de l'or, pour des places, pour du pouvoir ; combat d'esclaves qui ne mérite pas les regards du monde, et qui se termine toujours par l'ignominie. Mais le peuple belge a présenté dans ses luttes depuis 1815 un caractère tout différent, parce que sa cause était celle de la foi. Je ne parle pas des hommes pervers qui se mêlent toujours aux révolutions, et qui souvent s'en emparent par le meurtre et le pillage. Il se trouvera de ces destructeurs dans la Belgique comme partout ; mais la cause du peuple catholique n'est-elle pas grande, n'est-elle pas digne d'intérêt ? Et ce peuple ne l'a-t-il pas défendue par tous les moyens qui pouvaient prévenir les calamités et les déchirements? C'est qu'il savait ce qu'il demandait à la puissance, et il ne sentait pas le besoin de la renverser. Il savait aussi qu'il n'était donné à aucun pouvoir de lui ravir pour toujours des droits sacrés, et certes il y avait de la grandeur dans cette assurance, et il était beau de voir toute une population s'abandonner au sentiment profond d'une *légitimité* sainte que les hommes ne peuvent détruire. Et cette légitimité triomphera en effet : quelles que soient les ruses de la politique, quels que soient même les crimes des hommes et des partis, la foi ne sera pas vaincue. Qu'on lui refuse ou qu'on lui donne la liberté, qu'elle jouisse du droit commun, ou qu'on lui laisse son vieux privilége de persécution, elle n'en survivra pas moins à tout, aux calamités des peuples et aux tyrannies des pouvoirs; sa destinée est certaine; les hommes la savent d'avance, et les impies eux-mêmes ne peuvent la méconnaître, car ils en sont troublés, et on le voit assez, à la manière même dont ils délibèrent, si la liberté serait moins propice à leur haine que l'oppression. Qu'ils fassent donc leur choix. Liberté ou oppression, peu importe au catholicisme; il ira droit à sa mission, qui est de sauver les sociétés.

J'ai mêlé avec entraînement ce nom de la Belgique à mes raisonnements sur un si grand sujet. Quant aux catholiques de France, à qui s'adresse principalement tout cet écrit, désormais leur rôle est simple; qu'ils laissent les ambitions humaines se choquer avec fureur, et qu'ils restent simplement attachés à leurs droits d'hommes et de chrétiens; qu'ils appellent la liberté à leur secours; qu'ils défendent la foi avec courage; qu'ils apprennent aux peuples que la foi même est la liberté! Qu'ils proclament toutes les idées de justice éternelle qui constituent l'ordre des sociétés, et qu'ils sachent que ces idées ne périssent pas dans les flots des révolutions, qu'elles ont traversé les âges, et que seules elles doivent régénérer la France et l'Europe, si la France et l'Europe ne sont pas condamnées à laisser échapper vers des nations nouvelles ce qui leur reste encore de civilisation et de christianisme.

FIN.

9 782019 282981